Les Hétérotopies

Les hétérotopies
by Michel Foucault

«Les hétérotopies»
© Éditions Gallimard

«Des espaces autres», n° 360, *Dits et écrits*, IV
© Gallimard 1994

«Espace, savoir et pouvoir, entretien avec Paul Rabinow»,
n° 310, *Dits et écrits*, IV
© Gallimard 1994

by Michel Foucault

This Korean edition was published by arrangement with Éditions
Gallimard through Sibylle Agency, Seoul.

«Le corps utopique»
© Nouvelles Éditions Lignes 2009
by Michel Foucault

This Korean edition was published by arrangement with Nouvelles
Éditions Lignes through Sibylle Agency, Seoul.

헤테로토피아

Les Hétérotopies

미셸 푸코   이상길 옮김   문학과지성사

옮긴이 이상길

연세대학교 신문방송학과 및 같은 과 대학원을 졸업한 뒤 프랑스 파리5대학에서
사회학 박사학위를 받았으며, 파리1대학에서 철학과 DEA 과정을 수료했다.
현재 연세대학교 커뮤니케이션 대학원 교수로 재직 중이다.
지은 책으로『아틀라스의 발─포스트식민 상황에서 부르디외 읽기』
『상징 권력과 문화─부르디외의 이론과 비평』『책장을 번지다, 예술을
읽다』(공저),『라디오, 연극, 키네마─식민지 지식인 최승일의 삶과 생각』등이,
옮긴 책으로『근대의 사회적 상상』『헤테로토피아』『성찰적 사회학으로의 초대』
『사회학자와 역사학자』(공역),『랭스로 되돌아가다』『푸코─그의 사유, 그의
인격』『권력과 공간』등이 있다.

채석장
헤테로토피아

제1판 제1쇄 2014년 6월 9일
제2판 제1쇄 2023년 12월 11일
제2판 제3쇄 2024년 11월 8일

지은이 미셸 푸코
옮긴이 이상길
펴낸이 이광호
주간 이근혜
편집 김현주 최대연 홍근철
마케팅 이가은 최지애 허황 남미리 맹정현
제작 강병석
펴낸곳 ㈜문학과지성사
등록번호 제1993-000098호
주소 04034 서울 마포구 잔다리로7길 18 (서교동 377-20)
전화 02)338-7224
팩스 02)323-4180(편집) 02)338-7221(영업)
대표메일 moonji@moonji.com
저작권 문의 copyright@moonji.com
홈페이지 www.moonji.com

ISBN 978-89-320-4241-1 93160

차례

일러두기

1.

이 책의 바탕이 된 원서 판본은 『유토피아적인 몸/헤테로토피아 *Le corps utopique/Les hétérotopies*』(Nouvelles éditions lignes, 2009)이 다. 이 단행본은 미셸 푸코Michel Foucault의 라디오 강연 원고들인 「유토피아적인 몸」과 「헤테로토피아」, 그리고 사회학자 다니엘 드 페르Daniel Defert의 해제를 싣고 있다. 푸코의 강연은 라디오 채널 프랑스-퀼튀르France-Culture에서 로베르 발레트Robert Valette가 진 행하던 프로그램 '프랑스 문화Culture française'가 '유토피아와 문학' 이라는 주제로 마련한 특강 시리즈의 일환이었다. 프랑스 국립방 송원Institut national de l'audiovisuel은 자료보관소에 소장 중이던 이 이 십여 분짜리 강연 두 편의 오디오본을 2004년 〈유토피아와 헤테로 토피아Utopies et hétérotopies〉라는 제목의 CD로 출시한 바 있다. 방송 당시 정확한 강연 제목은 각각 "실제의 유토피아, 혹은 '장소와 다 른 장소'Les utopies réelles ou 'lieux et autres lieux'," 그리고 "유토피아적 인 몸"이었다. CD와 단행본에서 "헤테로토피아"라는 이름을 달게 된 첫번째 강연은 1966년 12월 7일에, "유토피아적인 몸"에 관한 두번째 강연은 12월 21일에 이루어졌다. 『유토피아적인 몸/헤테로 토피아』에서는 별다른 해명 없이 강연 순서를 뒤바꿔 텍스트를 제시하고 있지만, 이 책에서는 이를 시간 순으로 다시 편집하였다.

한편 우리는 이 책에 푸코의 논문 「다른 공간들Des espaces autres」과 인터뷰 「공간, 지식, 권력Space, knowledge and power」을 함께 실었다. 「다른 공간들」은 푸코가 1967년 3월 14일 파리 건축연구회Cercle d'études architecturales de Paris의 회의에서 발표한 것이다. 그는 1967년 튀니지에서 쓴 이 텍스트의 출판을 1984년 봄에야 허락했다. 그 원래 출전은 다음과 같다. *Architecture, Mouvement, Continuité*, n. 5, octobre 1984, pp. 46~49. 이 논문은 다음의 책에 다시 수록되었다. *Dits et écrits 1954-1988*, IV, n. 360, Paris, Gallimard, 1994, pp. 752~62. 「공간, 지식, 권력」은 푸코가 1982년 인류학자 폴 래비나우Paul Rabinow와 가진 인터뷰의 텍스트이다. 그 원래 출전은 다음과 같다. *Skyline*, n. 5, March 1982, pp. 16~20. 이 인터뷰는 다음의 책에 다시 수록되었다. *Dits et écrits 1954-1988*, IV, n. 310, Paris, Gallimard, 1994, pp. 270~85. 이 글의 번역은 영어본을 중심에 놓고 프랑스어본을 참조하는 식으로 이루어졌다. 이는 이 인터뷰가 영어로 먼저 발표되었고, 프랑스어본은 영어본의 번역 텍스트라는 점을 고려한 것이다.

2.

옮긴이가 본문 중에 내용을 덧붙인 경우에는 '〔 〕'로 묶어 표시했으며, 옮긴이가 추가한 주석은 '〔옮긴이〕'로 표시했다.

헤테로토피아

그러니까 장소 없는 지역들, 연대기 없는 역사들이 있다. 이 런저런 도시, 행성, 대륙, 우주. 어떤 지도 위에도 어떤 하늘 속에도 그 흔적을 복구하는 일이 불가능한 이유는 아주 단순 히 그것들이 어떤 공간[1]에도 속하지 않기 때문이다. 아마도 이 도시, 이 대륙, 이 행성 들은 흔히 말하듯 사람들 머릿속에 서, 아니 그들 말의 틈에서, 그들 이야기의 밀도에서, 아니면 그들 꿈의 장소 없는 장소에서, 그들 가슴의 빈 곳에서 태어 났으리라. 한마디로 감미로운 유토피아들. 한데 나는 구체적 이고 실제적인 장소, 우리가 지도 위에 위치지을 수 있는 장 소를 가지는 유토피아들, 그리고 명확한 시간, 우리가 매일 매일의 달력에 따라 고정시키고 측정할 수 있는 시간을 가지 는 유토피아들이—모든 사회에—있다고 생각한다. 어떤 인 간 집단이든 그것이 점유하고 실제로 살고 일하는 공간 안 에서 유토피아적인 장소들lieux utopiques을 구획하고, 그것이 바삐 움직이는 시간 속에서 유크로니아적인 순간들moments

1   [옮긴이] 'espace'는 '공간,' 'lieu'는 '장소'로 옮겼다. 대개 'espace'가 추상적이고 객관적이라면, 'lieu'는 좀더 구체적이며 개인의 경험이나 주관성과 관련된다. 장소는 맥락화된 공간, 즉 공간을 맥락화하는 실천에 의해 의미를 부여받은 공간인 셈이다. 물론 시론이자 강연문이라는 글의 성격상, 푸코가 언제나 이 두 용어를 엄밀히 구별해 쓰고 있는 것은 아니다. 그럼에도 이러한 구분이 여기 실린 텍스트들에서 대체로 적절하게 어울리며 역어들을 통일시켜주는 장점이 있다는 것을 고려했다.

uchroniques[2]을 구획한다.

나는 이런 말을 하고 싶다. 우리는 순백의 중립적인 공간 안에서 살지 않는다. 우리는 백지장의 사각형 속에서 살고 죽고 사랑하지 않는다. 우리는, 어둡고 밝은 면이 있고 제각기 높이가 다르며 계단처럼 올라가거나 내려오고 움푹 패고 불룩 튀어나온 구역과, 단단하거나 또는 무르고 스며들기 쉬우며 구멍이 숭숭 난 지대가 있는, 사각으로 경계가 지어지고 이리저리 잘려졌으며 얼룩덜룩한 공간 안에서 살고 죽고 사랑한다. 스쳐 지나가는 통로가 있고 거리가 있고 기차가 있고 지하철이 있다. 카페, 영화관, 해변, 호텔과 같이 잠시

2   〔옮긴이〕 '유크로니아uchronie'는 부정을 나타내는 접두어 'u'와 시간을 의미하는 'chronos'가 합쳐진 조어이다. 유토피아와 대구를 이루는 이 용어는 가상의 시간대, 혹은 허구적이거나 대안적인 역사를 가리킨다. 즉 유토피아가 '현실에 없는 장소'라면, 유크로니아는 '현실에 없는 시간'일 것이다. 유의해야 할 점은 유토피아/유크로니아가 헤테로토피아/헤테로크로니아와 대립 관계에 있지 않다는 것이다. 푸코에게 헤테로토피아가 '현실에 존재하는 유토피아'라면, 헤테로크로니아는 '현실에 존재하는 유크로니아'일 터이기 때문이다. 그러니까 푸코는 지금의 구성된 현실에 조화롭지 않은, 달리 말해, '정상성'을 벗어나는 공간 배치(있을 수 없는 장소로서의 유토피아)가 실제 존재하는 경우를 헤테로토피아로, 그와 동일한 성격의 시간 흐름(있을 수 없는 시간으로서의 유크로니아)이 실제 존재하는 경우를 헤테로크로니아로 각각 이름 붙이고 있다. 유크로니아라는 용어는 1876년 프랑스의 철학자 샤를 르누비에Charles Renouvier가 쓴 소설의 제목으로 처음 쓰였다.

멈춰 쉬는 열린 구역이 있고 휴식을 위한 닫힌 구역, 자기 집
이라는 닫힌 구역도 있다. 그런데 서로 구별되는 이 온갖 장
소들 가운데 **절대적으로** 다른 것이 있다. 자기 이외의 모든 장
소들에 맞서서, 어떤 의미로는 그것들을 지우고 중화시키고
혹은 정화시키기 위해 마련된 장소들. 그것은 일종의 **반反공
간**_contre-espaces_[3]이다. 이 반공간, 위치를 가지는 유토피아들
utopies localisées. 아이들은 그것을 완벽하게 알고 있다. 그것은
당연히 정원의 깊숙한 곳이다. 그것은 당연히 다락방이고, 더
그럴듯하게는 다락방 한가운데 세워진 인디언 텐트이며, 아
니면—목요일 오후—부모의 커다란 침대이다. 바로 이 커다
란 침대에서 아이들은 대양을 발견한다. 거기서는 침대보 사
이로 헤엄칠 수 있기 때문이다. 이 커다란 침대는 하늘이기도
하다. 스프링 위에서 뛰어오를 수 있기 때문이다. 그것은 숲
이다. 거기 숨을 수 있기 때문이다. 그것은 밤이다. 거기서 이
불을 뒤집어쓰고 유령이 되기 때문이다. 그것은 마침내 쾌락
이다. 부모가 돌아오면 혼날 것이기 때문이다.

3   〔옮긴이〕 'contre-espace'는 '반공간'으로 옮겼다. 물론
       '대항공간'이라는 대안도 가능할 것이다. 한데 우리말에서 '대항'은
       '맞선다' '거스른다'는 '반反'의 정적인 의미에 더해, '덤빈다'는
       좀더 능동적이며 적극적인 어감까지 담고 있다. 헤테로토피아는
       사회에 의해 고안되고 그 안에 제도화되어 있는 공간이며, 다만
       그 존재 자체로써 나머지 정상 공간들을 반박하고 이의제기하는
       공간이기에, '대항공간'보다는 '반공간'이 좀더 적절한 번역어로
       여겨졌다.

사실 이 반공간은 아이들만의 발명품이 아니다. 내가 그
렇게 생각하는 이유는 아이들은 결코 새로운 것을 만들어내
지 않기 때문이다. 반대로 어른들이야말로 아이들을 만들어
냈으며, 그들에게 자기들만의 굉장한 비밀을 속삭여주었다.
그러고 나서 어른들은 이 아이들이 아주 큰 소리로 자기들에
게 그것에 대해 다시 말할 때 깜짝 놀란다. 어른의 사회는 아
이들보다 훨씬 먼저 자기만의 반공간, 자리매겨진 유토피아,
모든 장소 바깥의 실제 장소들을 스스로 조직했다. 예를 들
면, 정원이 있고 묘지가 있고 감호소가 있고 사창가가 있고
감옥이 있고 클럽 메드의 휴양촌이 있고, 그 밖에도 많다.

  그러니, 나는 우리가 사는 공간에 신화적이고 실제적인
이의제기contestations를 수행하는 이 다른 공간들, 다른 장소
들을 대상으로 삼게 될 하나의 과학—나는 분명히 **과학**science
이라고 말한다—을 꿈꾼다. 이러한 과학은 유토피아를 연구
하지는 않을 것이다. 〔유토피아라는〕 그 이름은 정말로 어떤
장소도 갖지 않는 것을 위해서만 남겨져야 하기 때문이다. 그
과학은 절대적으로 다른 공간들, **헤테로-토피아들**hétéo-topies
을 연구할 것이다. 문제의 그 과학은 필연적으로 '헤테로토폴
로지hétérotopologies'라고 불릴 수 있고, 불릴 것이며, 이미 그
렇게 불린다.[4]

4   〔옮긴이〕 'hétérotopie'는 쉽게 짐작할 수 있듯이, 'heteros(다른)'와
    'topos(장소)'를 합쳐 만든 신조어이다. 이 말은 푸코가 '유토피아'에

지금 태어나고 있는 이 과학에 첫 기초를 놓아야 할 것이다. 첫번째 원리. 자체적인 헤테로토피아, 또는 헤테로토피아들을 구성하지 않는 사회는 아마도 없을 것이다. 그것은 확실히 모든 인간 집단의 변하지 않는 상수 같은 것이리라. 헤테로토피아는 사실 놀라우리만치 다양한 형식을 띨 수 있고 또 언제나 그래왔다. 지구상 어디에서나, 또 세계사를 통틀어 보아도 어떤 형태의 헤테로토피아도 불변인 채로 남아 있었던 적은 없었다. 아마 우리는 사회를, 이를테면 그것이 선호하는, 혹은 그것이 구성하는 헤테로토피아에 따라 분류할 수 있을 것이다. 예를 들면, 소위 원시사회는 특권화되거나 신성시되거나 아니면 금지된 장소들을—우리 사회도 그렇듯이—가지고 있다. 그런데 이 특권화된 또는 신성시된 장소들은 일반적으로 '생물학적 위기crise biologique를 겪고 있는' 개인들을 위한 것이다. 사춘기의 청소년들을 위한 특별한 집. 달거리에 들어간 여성들이 쓸 수 있는 특별한 집. 출산을 기다리는 여성들을 위한 오두막. 생물학적 과도기에 있는 개인들을 위한

대비시켜 쓰는 용어라는 점을 감안해 '헤테로토피아'로 옮겼다. 헤테로토피아는 본래 의학 용어로 '이소성異所性'이라고도 번역되는데, 신체 부위나 기관이 비정상적인 자리에 있는 '위치 이상'을 가리킨다. 마찬가지 방식으로 나온 조어, 즉 헤테로토피아에 대한 연구(-logie)로서 'hétérotopologie'는 '헤테로토폴로지'로 옮겼다. 헤테로토폴로지는 '헤테로-토폴로지hétéro-topologie,' 즉 '다른 위상학'이라는 이중적인 의미도 지닌다.

이러한 헤테로토피아는 우리 사회에서는 거의 사라져버렸
다. 19세기에는 소년들을 위한 기숙학교가 있었고 군 복무 제
도가 있었는데 아마도 이런 역할을 담당했을 터이다. 즉 남성
섹슈얼리티를 처음 드러내는 일은 **다른 곳에서**_ailleurs_ 일어나
야만 했다. 그리고 나는 신혼여행이 처녀에게는 필경 일종의
헤테로토피아인 동시에 헤테로크로니아_hétérochronie_[5]가 아니
었을지 자문한다. 처녀가 처녀성을 잃는 사건은 그녀가 태어
난 집에서 일어나서는 안 되었다. 그것은 말하자면 **어떤 곳도
아닌 곳**_nulle part_에서 일어나야만 했다.

한데 이 생물학적 헤테로토피아, 위기의 헤테로토피
아_hétérotopies de crise_는 점점 사라지고 일탈의 헤테로토피아
_hétérotopies de déviation_가 그 자리를 대체하고 있다. 그러니까
사회가 자신의 가장자리에, 자신을 둘러싸고 있는 빈 광야에,
평균 혹은 규범의 요구로부터 일탈된 행동을 하는 개인들에
게 마련해놓은 장소들 말이다. 요양소, 정신병원, 그리고 물

5   〔옮긴이〕'heteros(다른)'와 'chronos(시간)'의 합성어
     'hétérochronie'는 '헤테로토피아'와 함께 '유토피아/
     유크로니아_uchronie_' 쌍에 대칭적으로 쓰였다는 점에서
     '헤테로크로니아'로 옮겼다. 헤테로크로니아는 말 그대로
     '다른 시간,' 즉 일상의 리듬을 벗어나 특이하게 분할된 이질적
     시간을 의미한다. 헤테로크로니아는 원래 생물학 용어로
     '이시성異時性'이라고도 번역되는데, 한 종에서의 발달 과정이 그
     조상인 다른 종에서의 같은 과정과 비교해 시작과 분화의 시점,
     속도가 다를 때 이를 가리키기 위해 쓰인다.

론 감옥이 거기에 속한다. 아마 이에 양로원을 더해야 할 것이다. 우리 사회처럼 바쁜 사회에서는 무위無爲도 결국 일종의 일탈이기에 그렇다. 게다가 그것은 노화와 관련되어 있기 때문에 생물학적 일탈이기도 하다. 정말이지, 은퇴 뒤 삼 주 안에 심근경색으로 죽을 만한 눈치가 없는 모든 사람들의 하는 일 없는 삶 자체가 지속적인 일탈인 것이다.

헤테로토폴로지 과학의 두번째 원리. 역사가 흐르면서 모든 사회는 그것이 이전에 구축했던 헤테로토피아를 완전히 흡수하거나 사라지게 할 수도 있고, 지금까지 존재하지 않았던 헤테로토피아를 조직할 수도 있다. 예컨대, 이십여 년 전부터 유럽 국가들은 매음굴을 없애려고 노력을 기울였다. 알다시피 그것은 절반의 성공만을 거두었는데, 전화가 우리 선조들의 낡은 매음굴을 훨씬 더 교묘한, 거미줄 같은 네트워크로 대체했기 때문이다. 반면 묘지는 우리의 현재적 경험에서 헤테로토피아의 가장 자명한 사례이다(묘지는 절대적으로 다른autre 장소이다). 묘지가 서양 문명에서 언제나 이러한 역할을 수행했던 것은 아니다. 18세기까지 그것은 도시의 중심에 있었고, 마을 한가운데, 교회 바로 곁에 배치되어 있었다. 사실 사람들은 거기에 어떤 엄숙한 가치도 결부시키지 않았다. 몇몇 사람들을 제외하면, 시체들의 공통된 운명은 각각의 유해에 대한 어떤 존중도 없는 시체더미 위에 그냥 간단히 내던져지는 것이었다. 그런데 신기하게도 우리 문명이 무신론적으로, 적어도 이전보다는 더 **무신론적**으로 변한 순간, 그러니까 18세기 말에, 우리는 해골을 개별적인 것으로 취급하기 시작했다. 사람들은 각자 자기만의 작은 상자에 담겨 개별적으로 썩어갈 권리를 갖게 되었다. 다른 한편 이 모든 해골, 작은 상자, 관, 무덤, 묘지 들은 한구석으로 밀려나게 되었다. 사람들은 그것들을 마을의 바깥에, 도시의 경계에 두었다. 마치 그것이 전염병의 장소이자 중심이며, 어떤 의미로는 죽음을 옮기는 장소이자 중심이기라도 한 것처럼 말이다. 그런데 이 모든 일은—이 사실을 잊지 말아야 하는데—19세기, 특히 프랑스 제2제정[6] 시기 동안에 일어났다. 사실 파리의 큰 묘지들이 마을 경계에 조성되었던 것은 바로 나폴레옹 3세 치하에서였다. 결핵 환자들을 위한 묘지—여기에 헤테로토피아의 중층결정surdétermination이 있을 것이다—역시 언급해야 할 것이다. 나는 망통의 멋진 묘지를 떠올린다. 19세기 말, 코트다쥐르에 휴양 왔다가 죽음을 맞이한 지체 높은 결핵 환자들이 거기에 잠들어 있다. 또 다른 헤테로토피아.

일반적으로 헤테로토피아는 보통 서로 양립 불가능한, 양립 불가능할 수밖에 없는 여러 공간을 실제의 한 장소에 겹쳐놓는 데 그 원리가 있다. 헤테로토피아의 하나인 극장은 사

6   〔옮긴이〕 나폴레옹 3세가 제위에 오른 1852년부터 그가 프로이센-
     프랑스 전쟁에서 패배하여 퇴위한 1870년까지 계속된 정치 체제를
     말한다.

각형의 무대 위에 온갖 낯선 장소들이 연이어지게 만든다. 사람들은 영화관의 거대한 장방형의 무대 그 깊숙이 이차원의 공간 위에 삼차원의 공간을 새로이 영사한다. 하지만 아마도 헤테로토피아의 가장 오래된 예는 정원일 것이다. 천 년도 더 된 이 발명품은 동양에서는 확실히 마법적인 의미를 지닌다. 장방형인 페르시아의 전통 정원은 네 부분으로 나뉘어 있는데, 그 각각은 세계를 구성하는 네 가지 요소〔하늘, 땅, 물, 식물〕를 표상한다. 그 중심에, 즉 네 사각형의 접점에 분수, 사원 같은 신성한 공간이 있었다. 그리고 이 중심 주위로 세상의 온갖 식물, 그 식물들의 완벽한 표본이라고 할 만한 것들이 모여 있었다. 그런데 만일 동양의 양탄자가 원래 정원——엄밀하게는 '겨울정원〔온실〕'——의 복제물이라는 점을 고려한다면, 날아다니는 양탄자, 세상을 종횡무진 누비는 양탄자의 전설상의 가치를 이해할 수 있다. 정원은 세상 전체가 상징적 완벽성을 얻게 되는 양탄자이며, 양탄자는 공간을 가로질러 움직이는 정원이다.『천일야화』의 이야기꾼이 묘사하던 정원은 공원이었을까 양탄자였을까? 우리는 세상의 모든 아름다움이 이 거울로 모여드는 것을 안다. 태곳적부터 정원은 유토피아의 장소이다. 아마도 사람들은 소설romans⁷이 쉽

7   〔옮긴이〕여기서 소설은 중세의 로망어로 씌어진 운문이나
         산문인 이른바 로망, 로맨스를 가리킨다. 로맨스는 12세기 중엽
         프랑스에서 나타난, 주로 기사도를 다룬 문학 형식으로, 그 속에서

게 정원에 자리매겨질 수 있겠다는 인상을 받을 것이다. 사실 소설은 틀림없이 정원이라는 제도 자체로부터 태어난 것이다. 소설적 활동은 조경적 활동이다.

헤테로토피아는 십중팔구 시간의 독특한 분할과 연결된다. 말하자면 그것은 헤테로크로니아와 한 계열이다. 물론 묘지는 더 이상 시간이 흐르지 않는 장소이다. 일반적으로 우리 사회 같은 곳에는 무한히 쌓여가는 시간의 헤테로토피아들이 있다고 말할 수 있다. 예를 들면, 박물관이나 도서관 같은 곳. 17세기와 18세기에 박물관과 도서관은 개성적인 기관이었다. 그것은 [소유주] 각자가 지닌 취향의 표현이었다. 반면 모든 것을 축적한다는 발상, 어떤 의미로는 시간을 정지시킨다는 발상, 혹은 시간을 어떤 특권화된 공간에 무한히 누적시킨다는 발상, 어떤 문화에 대한 보편적인 아카이브를 구축한다는 발상, 모든 시간, 모든 시대, 모든 형태와 모든 취향을 하나의 장소 안에 가두어놓으려는 의지, 마치 이 공간 자체는 확실히 시간 바깥에 있을 수 있다는 듯 모든 시간의 공간을 구축하려는 발상, 이는 완전히 근대적인 것이다. [지금과 같은 형식의 공공의] 박물관과 도서관은 우리 문화에 고유한 헤테로토피아들이다.

그에 반해, 영원성의 양식이 아니라 축제의 양식으로 시

정원은 이야기의 중요한 무대가 되었다.

20

간과 연계된 헤테로토피아들이 있다. 영원성의éternitaire 헤테로토피아가 아닌, 한시적인chronique 헤테로토피아. 당연히 극장이 그렇고, 시장 또한 그러하며, 마을의 변두리나 어떤 경우엔 심지어 마을 한가운데 있는 멋진 공터가 그러하다. 거기에 가건물, 좌판, 온갖 희한한 물건들, 격투사, 뱀여인, 그리고 점쟁이들이 일 년에 한두 번씩 들어찬다. 더 최근의 우리 문명사에는 휴양촌이 있다. 나는 특히 폴리네시아의 경이로운 마을을 생각한다. 지중해 가장자리에 있는 그 마을은 우리 도시인들에게 삼 주라는 짧은 기간 동안 원초적이고도 영원한 벌거숭이로 지낼 수 있는 기회를 제공한다. 예컨대, 제르바 섬의 〔휴양촌〕 오두막은 어떤 의미에서는 도서관이나 박물관과 같은 계열이다. 영원성의 헤테로토피아—사람들은 인류의 가장 오랜 전통과 다시 관계를 맺도록 초대된다—라는 점에서 말이다. 동시에 그것은 모든 도서관, 모든 박물관에 대한 부정이다. 이때 문제가 되는 것은 시간을 축적하는 것이 아니라, 반대로 그것을 지우고 벌거숭이로 원죄의 순수함으로 되돌아가는 것이다. 이 축제의 헤테로토피아, 한시적인 헤테로토피아 가운데는 옛날 매음굴에서 벌어지던 매일 저녁의 연회, 『매춘부 엘리자La fille Elisa』[8]에서처럼 저녁 여

---

8   〔옮긴이〕 에드몽 드 공쿠르Edmond de Goncourt가 1877년에
     발표한 소설로, 불우한 어린 시절을 보내고 매춘부로 지내다가
     감옥에서 죽게 되는 엘리자의 삶을 그렸다.

섯 시에 시작했던 술판이 있다, 아니 **있었다**고 말하는 편이 낫겠다.

　이제 또 다른 헤테로토피아는 축제가 아니라 통과, 변형, 갱생의 노고와 관련된다. 19세기에 기숙학교와 병영은 아이를 어른으로, 촌뜨기를 도시인으로, 순진한 사람을 영악한 사람으로 만드는 역할을 담당했다. 오늘날에는 특히 감옥이 그렇다.

　마지막으로 나는 다음의 사실을 헤테로토폴로지의 다섯 번째 원리로 제안하고자 한다. 헤테로토피아는 언제나 그것을 주변 환경으로부터 고립시키는 열림과 닫힘의 체계를 갖는다. 일반적으로 우리는 헤테로토피아에 자유롭게 들어가지는 않는다. 우리는 거기에 강제로 들어가거나(감옥의 경우), 특정한 의례나 정결의식에 따라 들어간다. 전적으로 이 정결의식만을 위한 헤테로토피아들도 있다. 이슬람교도의 터키탕처럼 반은 종교적이고 반은 위생적인 목적의 정결의식도 있고, 아니면 스칸디나비아인들의 사우나처럼 단지 위생적인 목적의 정결의식도 있는데, 후자의 경우라도 온갖 종교적, 자연주의적 가치를 끌어온다.

　반면 외부 세계에 닫혀 있지 않고 전면적으로 열려 있는 또 다른 헤테로토피아도 있다. 누구라도 거기 들어갈 수 있지만, 사실 일단 들어가고 나면 그것은 환상일 뿐, 어디에도 들어간 것이 아니라는 점을 직감하게 된다. 그 헤테로토피아는 열린 장소이지만 당신을 계속해서 바깥에 놔두는 속성을 가진다. 예를 들면, 18세기 남미의 가옥에는 언제나 현관문 옆에 마련된, 하지만 어쨌든 현관문에 **앞선** 작은 방이 있었다. 이 방은 바깥 세계로 곧장 열려 있었으며 지나가는 손님들을 위한 것이었다. 달리 말해, 누구나 낮이든 밤이든 아무 시간에나 이 방에 들어와 휴식을 취하고, 자기가 하고 싶은 것을 하고, 누구의 눈에 뜨이거나 알려지지 않은 채 다음 날 아침 떠날 수 있었다. 그런데 이 방이 어떤 식으로든 집 안쪽으로는 열려 있지 않다는 점을 고려하면, 그곳에 받아들여졌던 사람은 결코 가족이 머무르는 집 안쪽으로는 진입할 수 없었다. 이 방은 완전히 외재적인 헤테로토피아의 일종이다. 우리는 그것을 미국식 모텔의 헤테로토피아에 비교할 수 있을 것이다. 사람들이 자신의 정부情婦를 태운 자동차를 끌고 들어가는 그곳에서, 불법적인 섹슈얼리티는 공개적으로 드러나지 않은 채 외따로 떨어져 수용되는 동시에 감춰진다.

열려 있는 **듯 보이지만** 실제로는 일찌감치 입문한 자들 initiés만이 들어갈 수 있는 헤테로토피아도 있다. 우리는 정말 단순하고 확실히 주어져 있는 것에 다가간다고 믿지만, 실상 미스터리의 중심에 있는 셈이다. 적어도 예전에 아라공Louis Aragon은 바로 그런 방식으로 매음굴maisons closes[9]에 들어갔

---

9   〔옮긴이〕 매음굴을 뜻하는 'maison close'를 문자 그대로 풀이하면 '닫힌 집'이라는 의미가 된다.

던 것이다. "오늘날까지도 나는 흥분을 자아내는 이 특별한 문턱을 넘어설 때면 풋내기 시절의 감정을 느낀다. 나는 이 따금 거기서, 내가 언젠가 사랑했던 이들에게서 벗어나 거대한 추상적 욕망을 뒤쫓는다. 열기가 피어오른다. 단 한순간도 난 이 장소가 가진 사회적 측면을 떠올리지 않는다. **관용의 집** *maison de tolérance*[10]이라는 표현은 진지하게 소리 내 말해질 수 없다."

우리는 아마도 여기서 헤테로토피아들에 가장 본질적인 것을 다시 만난다. 헤테로토피아들은 다른 모든 공간에 대한 이의제기이다. 그것들은 두 가지 방식으로 이의제기를 수행할 수 있다. 아라공이 말했던 매음굴처럼 나머지 현실이 환상이라고 고발하는 환상을 만들어냄으로써, 아니면 그 반대로 우리 사회가 무질서하고 정리되어 있지 않고 뒤죽박죽이라고 보일 만큼 완벽하고 주도면밀하고 정돈된 또 다른 현실 공간을 실제로 만들어냄으로써. 한동안—특히 18세기에—식민지는 적어도 사람들의 계획 속에서는 바로 이런 식으로 작동했다. 물론 이 식민지들이 커다란 경제적 유용성을 지니고 있었던 것은 사실이다. 하지만 거기에는 상상적 가치들이 결부되어 있었으며, 이 가치들은 확실히 헤테로토피아의 고유한 위광에 빚지고 있었다. 그리하여 17세기와 18세기 영

10   〔옮긴이〕 프랑스에서 1946년까지 법으로 인정되었던 공창을 이르는 말.

국의 청교도 사회는 미국에 절대적으로 완벽한 사회를 건설하고자 시도했다. 19세기 말에서 20세기 초까지 리요테Louis Lyautey 장군과 그 계승자들은 프랑스 식민지들을 위계질서가 잘 잡혀 있는 병영 사회로 만들기를 꿈꾸었다. 그러한 시도 가운데 가장 놀랄 만한 것은 파라과이에 정착한 예수회 수도사들이 보여주었다. 파라과이에서 예수회 수도사들은 실제로 경이로운 식민지를 건립했다. 그 안에서는 삶 전체가 완전히 규제되었고 토지와 가축이 모두의 것으로 선포되었으니 가장 완벽한 공산주의 체제가 지배하는 셈이었다. 각 가정의 몫으로는 오직 작은 뜰만 분배되었다. 집들은 십자로 교차하는 두 길을 따라 일정한 대열로 배치되었다. 마을 중앙 광장 깊숙한 안쪽에는 교회가 있었고, 한쪽 옆에는 학교가, 다른 쪽에는 감옥이 있었다. 예수회 수도사들은 식민지 주민들의 삶 전체를 아침부터 저녁까지, 그리고 다시 저녁부터 아침까지 세심하게 규제했다. 아침 다섯 시면 잠을 깨우는 종소리가 울렸다. 그러고는 다시 일의 시작을 알리는 종소리가 울렸다. 정오의 종소리는 남녀를 막론하고 밭에 나가 일하고 있는 사람들을 불러들였다. 저녁 여섯 시에 사람들은 저녁을 먹기 위해 모였다. 자정이면 다시 종이 울렸는데, 이는 '부부의 기상'이라고 일컬어졌다. 식민지 주민들의 생물학적 재생산에 관심을 가졌던 예수회 수도사들이 인구가 번창할 수 있도록 매일 밤 즐겁게 종을 당겼던 것이다. 실제로 인구가 번창했다. 예수회의 식민화 초창기에 13만 명이었던 인디언들은 18세기 중반에 40만 명이 되었다. 이는 완전히 자기폐쇄적인 사회의 본보기라 할 수 있다. 이 사회는 예수회가 수행했던 상업 활동과 그에 따른 상당한 수익 창출을 제외하고는 나머지 세계에 그 무엇으로도 연계되지 않았던 것이다.

식민지는 어떤 환상을 실현하려 들기에는 어딘가 좀 순진한 헤테로토피아이다. 반면 매음굴은 환상의 힘만으로 현실을 흩뜨리려고 들 만큼 충분히 미묘한 혹은 교활한 헤테로토피아이다. 만일 자급자족적이고 자기폐쇄적이며, 어떤 의미에서는 자유롭지만 바다의 무한성에 숙명적으로 내맡겨져 있는, 장소 없는 장소이자 떠다니는 공간의 조각인 배, 19세기의 거대한 배가 이 항구에서 저 항구로, 이 홍등가에서 저 홍등가로, 이 항로에서 저 항로로 전전하면서 우리가 조금 전에 이야기했던 동방의 정원 안에 아주 소중하게 간직되어 있는 것을 찾으러 식민지까지 갔다는 점을 고려하면, 우리는 배가 왜 우리 문명에서—적어도 16세기 이래로는—가장 거대한 경제적 수단인 동시에 가장 거대한 상상력의 보고였는지를 이해하게 된다. 배, 그것은 특출한 헤테로토피아이다. 배 없는 문명이란 자녀들이 뛰놀 만한 커다란 침대를 갖고 있지 않은 부모를 둔 아이들과도 같다. 그리하여 그들의 꿈은 고갈되고, 정탐질이 모험을 대신하며, 경찰의 추악함이 해적의 눈부시게 빛나는 아름다움을 대체하고 마는 것이다.

유토피아적인 몸

프루스트Marcel Proust가 잠에서 깨어날 때마다 천천히, 불안 속에서 새롭게 점유하러 온 이 장소.[1] 눈을 뜨면서부터 나는 더 이상 이 장소에서 벗어날 수가 없다. 그것이 나를 그 자리에 꼼짝 못하게 만들어서가 아니라—왜냐하면 어찌 됐든 나는 옮겨가고 움직일 수 있을 뿐만 아니라 **그것을 '옮기고,'** 그것을 움직이고, 그것의 자리를 바꿀 수 있으므로—다만 이런 이유에서이다. 그것 없이 나는 자리를 바꿀 수 없다. 내가 다른 곳으로 가기 위해서는 그것을 그것이 있는 곳에 그대로 내버려둘 수 없다. 나는 세상 끝까지 갈 수 있고, 아침이면 이불 속에 숨어 있을 수 있고, 할 수 있는 만큼 나를 작게 웅크릴 수 있고, 해변에서 태양이 나를 녹이도록 내버려둘 수 있다. 그것은 언제나 내가 있는 곳에 있을 것이다. 그것은 결코 다른 곳이 아니라, 돌이킬 수 없이 여기에 존재한다. 내 몸, 그것은 유토피아의 정반대이다. 결코 다른 하늘 아래에 있지 않은 그것은 절대적 장소이며, 말 그대로 내가 일체가 되는 공간의 작은 조각이다.

내 몸, 이 가차 없는 **장소**topie.[2] 만일 내가 그림자라든지

---

1   〔옮긴이〕프루스트의 소설 『잃어버린 시간을 찾아서A la recherche du temps perdu』의 도입부를 암시한다.

2   〔옮긴이〕'topie'는 사실 존재하지 않는 단어로, '유토피아utopie'에서 부정을 뜻하는 접두어 'u'를 뺀 것으로 여겨진다. 이 조어를 통해 푸코는 유토피아와의 관계 속에서 몸이라는 '장소'를 현상학적으로 서술하려는 자신의 의도를 분명히 하고 있다.

마침내 더 이상 제대로 쳐다보지 않게 된, 삶에서 흐려진 일상의 갖가지 사물들, 그러니까 매일 저녁 창문으로 우툴두툴 보이는 이 지붕이나 굴뚝 들과 더불어 살듯, 내가 내 몸과 다행스럽게도 그런 오랜 친숙함 속에서 산다면 어떨까? 그런데 매일 아침 동일한 현존, 동일한 상처가 있다. 눈 앞 거울에 피할 수 없는 이미지가 나타난다. 야윈 얼굴, 구부정한 어깨, 근시의 눈, 민둥머리. 정말 못생긴 모습. 그리고 내 머리라는 이 추한 껍데기, 내가 좋아하지도 않는 이 철창 속에서 나를 보여주며 돌아다녀야 한다. 바로 그 창살을 통해 말하고, 바라보고, 남에게 보여져야 한다. 이 피부 아래 머물며 썩어가야 한다. 내 몸, 그것은 나에게 강요된, 어찌할 수 없는 장소다. 결국 나는 우리가 이 장소에 맞서고, 이 장소를 잊게 만들기 위해 그 모든 유토피아들을 탄생시켰다고 생각한다. 유토피아의 매력, 아름다움, 경이로움은 어디에서 비롯하는가? 유토피아, 그것은 모든 장소 바깥에 있는 장소이다. 한데 그것은 내가 **몸 없는** 몸을 갖게 될 장소인 것이다. 아름답고, 맑고, 투명하고, 빛나고, 민첩하고, 엄청난 힘을 지니고, 무한히 지속되고, 섬세하고, 눈에 띄지 않고, 보호되고, 언제나 아름답게 되는 몸. 원초적인 유토피아, 인간의 마음속 가장 깊숙이 자리 잡고 있는 유토피아, 그것은 바로 형체 없는 몸의 유토피아일 것이다. 요정들의 나라, 도깨비와 정령과 마법사 들의 나라는 몸이 빛만큼 빨리 이동할 수 있고 상처가 마법의 식물로 순식간에 치유되는 나라, 산에서 떨어져도 살아서 다시 일어설 수 있는 나라, 원한다면 우리가 모습을 보이게 할 수도 보이지 않게 할 수도 있는 나라이다. 요정의 나라가 있다면 거기서 나는 매력적인 왕자가 되고, 눈꼴신 멋쟁이 젊은이들은 모두 새끼 곰같이 흉하고 털이 잔뜩 난 모습이 될 것이다.

그런데 몸들을 지워버리기 위해 만들어진 유토피아도 있다. 이 유토피아는 죽은 자들의 나라, 이집트 문명이 우리에게 남긴 거대한 유토피아적 도시들이다. 미라란 결국 무엇인가? 그것은 부정되고 미화된 몸의 유토피아이다. 미라, 그것은 시간을 가로질러 완강하게 지속되는 위대한 유토피아적 몸이다. 마찬가지로 미케네 문명에서는 영면에 든 왕의 얼굴에 황금 마스크를 씌웠다. 모든 군대의 공포인, 영광스럽고 위압적이며 태양처럼 빛나는 그 몸의 유토피아. 무덤의 그림과 조각 들 또한 [몸의 유토피아로] 있어왔다. 사라지지 않을 젊음을 부동의 상태로 연장하고 있는 중세 이후의 횡와상들. 이제 오늘날에는 단순한 대리석 입방체들, 묘석에 의해 기하학적으로 정렬된 몸들, 묘지라는 커다란 흑판 위에 그려진 반듯한 하얀 형상들이 있다. 그리고 바로 이 사자死者들의 유토피아 도시 속에서 내 몸은 사물처럼 단단해지고 신처럼 영원해진다.

그러나 아마도 몸의 슬픈 위상학을 지워버릴 수 있는 가장 끈질기고도 강력한 유토피아를 서구 역사의 시초 이래 우리에게 제공해온 것은 영혼이라는 위대한 신화일 것이다. 영혼은 내 몸에서 아주 경이로운 방식으로 작동한다. 영혼은 물론 몸에 거한다. 하지만 영혼은 거기서 빠져나갈 줄 안다. 영혼은 내 눈의 창을 통해 사물을 보기 위해 내 몸에서 빠져나간다. 내가 자고 있을 때는 꿈꾸기 위해, 내가 죽을 때는 살아남기 위해 내 몸에서 빠져나간다. 내 영혼, 그것은 아름답다, 순수하다, 그리고 순결하다. 만일 흙으로 뒤덮인―어쨌든 그리 깨끗하지 않은―내 몸이 영혼을 더럽힌다면, 영혼 본래의 순수함을 복원할 덕성과 힘과 수많은 신성한 몸짓이 있게 되리라. 내 영혼, 그것은 오랫동안 지속될 것이다. 내 늙은 몸이 썩어가게 되더라도 그것은 훨씬 더 오랫동안 살아갈 것이다. 내 영혼 만세! 그것은 빛나는, 깨끗한, 고결한, 민첩한, 움직이는, 포근한, 상쾌한 내 몸이다. 그것은 비누 거품처럼 매끈매끈하고 거세된 둥그런 내 몸이다.

자, 이제 내 몸은 이 모든 유토피아들 덕분에 사라졌다. 그것은 후 하고 불어 끈 촛불처럼 사라졌다. 영혼, 무덤, 정령과 요정이 내 몸을 약탈해서 순식간에 사라지게 했다. 그것들은 몸의 무거움과 추함을 날려버리고, 내게 눈부시고 영원히 지속되는 몸을 돌려주었다.

그런데 사실대로 말하자면, 내 몸은 그렇게 쉽게 되돌려지지 않을 것이다. 내 몸은 자기만의 고유한 환상성의 원천을 가지고 있다. 내 몸 역시 장소 없는 장소들을, 영혼, 무덤, 마법사의 주문呪文보다 더 심오하고 고집스런 장소들을 가지고 있다. 그것은 자기만의 지하실과 다락방, 어두운 거실과 빛나는 바닷가를 가지고 있다. 예를 들면, 내 머리. 내 머리는 얼마나 이상한 동굴인가. 그것은 두 개의 창, 두 개의 출구를 통해 바깥세상으로 열려 있다. 내가 이것을 확신하는 것은 거울 속에서 그것들을 보기 때문이다. 그리고 또 나는 두 창을 하나씩 따로 닫을 수 있다. 하지만 이 출구들은 단 하나라고 할 수도 있는데, 왜냐하면 내 눈 앞에는 칸막이도 없고 잘리지도 않은, 연속적인 단 하나의 풍경만 있기 때문이다. 그렇다면 이 머리 속에서 사물들은 어떻게 지나갈까? 사물들은 머리 속에 와서 머문다. 그것들은 거기 들어온다―햇빛이 너무 강렬해서 눈이 부실 때 내 뇌 깊숙한 곳까지 깨질 듯한 통증이 일어나는 경험으로 미루어보아, 내가 사물들을 바라볼 때 그것들은 내 머리 속으로 들어간다고 나는 확신한다. 한데 내 머리 속으로 들어오는 사물들은 외부에 머문다고 할 수 있다. 내가 그것들을 눈 앞에서 보고 있으며, 그것들과 합쳐지려면 내 스스로도 다가가야 하기 때문이다.

침투할 수 있지만 불투명하고, 열려 있으면서도 닫혀 있는, 이해 불가능한 몸. 즉 유토피아적인 몸. 어떤 의미로는 절대적으로 가시적인 몸. 나는 머리에서 발끝까지 다른 사람에게 바라보임당한다는 것이 무엇인지 아주 잘 안다. 나는 뒤에서 몰래 엿보이고, 어깨너머로 감시당하고, 예상하고 있다가

도 깜짝 놀라게 되는 것이 무엇인지를 안다. 나는 발가벗겨지는 것이 무엇인지를 안다. 하지만 몸으로부터 도저히 떼어낼 수 없는 일종의 비가시성이 그토록 가시적인 바로 그 몸을 구해내고 끌어낸다. 나는 이 머리통, 이 뒤통수를 손가락으로 만질 수는 있지만 결코 볼 수는 없다. 소파에 기대어 앉아 있을 때 나는 매트리스가 탄력 있게 떠받치고 있는 내 등을 느끼지만, 거울의 트릭을 통해서나 그것을 볼 수 있다. 또 이 어깨는 도대체 어떠한가. 내가 그 움직임과 위치는 정확히 알고 있지만, 심하게 몸을 뒤틀지 않는 한 결코 볼 수 없는 어깨 말이다. 거울 속 신기루에만, 그것도 파편적으로만 나타나는 유령인 몸. 불가분하게 가시적인 동시에 비가시적이 되기 위해서 내게 정령이나 요정, 죽음이나 영혼이 정말로 필요할까? 그리고 이 몸, 그것은 가볍고 투명하고 무게를 알 수 없다. 어떤 것도 그것보다 덜 사물 같을 수는 없다. 그것은 달리고, 그것은 행동하고, 그것은 살고, 그것은 욕망한다. 그것은 내 온갖 의도가 아무런 저항도 받지 않고 가로지르도록 내버려둔다. 아, 그렇다! 한데 그것은 내가 아프기 전까지만, 배를 곯아 속이 푹 꺼지기 전까지만, 〔내가 죽어〕 가슴과 목이 삼 부스러기로 가득 차기 전까지만, 혹은 입 안 가득 치통이 퍼져가기 전까지만 그러하다. 그러고 나면 나는 가볍고, 무게를 알 수 없는 등등의 상태이기를 멈춘다. 이제 나는 사물, 달리 말해 환상적이고 폐허만 남은 건축물이 된다.

아니 정말로, 내가 불투명한 동시에 투명하고, 가시적인 동시에 비가시적이고, 생명인 동시에 사물이 되는 데는 마술도, 요정의 나라도, 영혼도, 죽음도 필요하지 않다. 내가 유토피아이기 위해서는 내가 **몸**이기만 하면 된다. 나로 하여금 내 몸으로부터 벗어나게 해주었던 모든 유토피아의 모델, 그 적용의 원점, 그 기원의 장소는 바로 내 몸 자체였다. 앞서 나는 유토피아가 몸을 거역하고 몸을 지우기 위해 마련된 것이라고 말했는데, 그것은 잘못이었다. 유토피아는 몸 자체에서 태어났고 아마도 그러고 나서 몸을 배반한 것이다.

어쨌든 확실한 것은 인간의 몸이 모든 유토피아의 주연 배우라는 것이다. 결국 인간이 스스로에게 이야기하는 가장 오래된 유토피아 중의 하나는 공간을 집어삼키고 세계를 정복하는 어마어마하고 거대한 몸에 대한 꿈이 아닌가? 유럽, 아프리카, 오세아니아, 아시아의 수많은 전설의 한가운데에서 우리는 거인들이라는 오래된 유토피아를 발견한다. 프로메테우스에서 걸리버에 이르기까지 서구의 상상력에 그리도 긴 세월 동안 자양분을 공급한 이 오래된 전설 말이다.

몸은 가면, 화장, 문신과 관련해서도 역시 위대한 유토피아적 배우이다. 가면을 쓰고 분을 바르고 문신을 하는 것은 우리가 흔히 상상하듯 조금 더 아름답고, 더 잘 치장된, 더 쉽게 눈에 띄는 또 다른 몸을 얻는 일이 아니다. 문신을 하고 분을 바르고 가면을 쓰는 것은 그런 일과는 완전히 다른 것이다. 그것은 몸을 비밀스런 권력, 보이지 않는 힘과 소통시키는 일이다. 가면, 문신, 분은 몸 위에 어떤 언어를 통째로 쌓아 놓는다. 수수께끼 같은 언어, 비밀스럽고 암호화된 신성한 어떤 언어. 이 언어는 동일한 몸에 신의 난폭성, 신성한 것의 소리 없는 위력 혹은 격렬한 욕망을 불러내는 것이다. 가면, 문신, 분은 몸을 또 다른 공간에 위치시킨다. 이것들은 이 세상에 장소를 갖지 않는 하나의 장소 안으로 몸이 들어가게 한다. 이것들은 몸이 신들의 세계 혹은 타자의 세계와 소통하게 될 상상적인 공간의 조각이 되게끔 만든다. 우리는 신들에게, 혹은 우리가 막 유혹한 사람에게 사로잡힐 것이다. 어쨌든 가면 쓰기, 문신하기, 분 바르기는 몸을 그 고유한 공간으로부터 떼어내어 다른 공간 속으로 던져 넣는 조작 활동이다.

일본의 이야기 하나를 예로 들 테니 들어보시라. 어떤 문신 그리는 사내가 자신이 욕망하는 젊은 처녀의 몸을 이곳 아닌 다른 세계로 보내는 방식을 말이다. "강물 위로 따갑게 내리쬐는 태양이 일곱 장의 다다미가 깔린 방을 붉게 물들이고 있었다. 수면에 반사된 햇빛은 병풍의 종이 위에, 그리고 깊이 잠든 처녀의 얼굴 위에 금반지 모양을 만드는 중이었다. 세이키치는 격벽을 잡아당기고 문신 도구들을 챙겼다. 잠시 그는 일종의 황홀경에 빠져 있었다. 그가 처녀의 묘한 아름다움을 마음껏 감상했던 것은 이때였다. 그는 조금의 피곤함도 지루함도 느끼지 않으면서 이 움직이지 않는 얼굴 앞에 십 년

이고 백 년이고 앉아 있을 수 있을 것만 같았다. 그 옛날 멤피스의 민중들이 이집트의 아름다운 땅을 피라미드와 스핑크스로 장식했던 것처럼 세이키치는 사랑을 다해 처녀의 싱그러운 피부를 자신의 그림으로 더욱 아름답게 만들고 싶었다. 그는 곧이어 왼손의 엄지와 약지, 새끼손가락으로 붓을 쥐고 염료를 바른 붓끝을 그녀에게 가져갔다. 그리고 그는 붓이 그려낸 윤곽선을 오른손에 들고 있던 바늘로 찌르기 시작했다."[3]

신성하든 세속적이든, 종교적이든 비종교적이든 옷이 개인을 수도원의 닫힌 공간이나 사회의 보이지 않는 그물망 속에 들여보낸다는 점을 고려하면, 그때 우리는 몸에 닿는 모든 것—무늬, 색깔, 왕관, 교황의 삼중관, 외투, 제복—이 몸 속에 봉인된 유토피아들을 피어나게 하는 것을 보는 셈이다.

한데 우리는 어쩌면 옷 아래로 계속 내려가 살에까지 이르러야 할 것이다. 그러면 우리는 몸이 어떤 극단적인 경우에 바로 자신의 유토피아적 힘을 스스로에게로 되돌려 종교적이고 신성한 공간, 다른 세상의 공간, 반反세상의 공간을 송두리째 자기만을 위한 공간 속으로 들어가게 만드는 것을 보게

3 〔옮긴이〕 이는 다니자키 준이치로谷崎潤一郎(1886~1965)의 단편소설「문신刺靑」(1910)의 한 대목이다. 이 소설은 1966년 마스무라 야스조增村保造가 같은 제목의 작품으로 영화화한 바 있다.

될 것이다. 그러면 몸은 자신의 물질성, 자신의 살덩어리 속에서 그 자신의 환상의 산물 같은 것이 될 것이다. 결국 춤추는 사람의 몸이란 바로 몸의 내부인 동시에 외부인 공간만큼 확장된 몸이 아닌가? 마약 중독자나 신들린 사람도 마찬가지이다. 신들린 사람의 몸은 지옥이 된다. 낙인찍힌 사람의 몸은 고통이자 속죄이며 구원이자 피로 물든 천국이 된다.

내가 조금 전에 몸이 결코 다른 곳이 아니라, 돌이킬 수 없이 여기에 존재하며, 그래서 모든 유토피아에 대립한다고 생각한 것은 정말 어리석은 일이었다.

실상 내 몸은 **언제나** 다른 곳에 있다. 그것은 세상의 모든 다른 곳들에 연결되어 있다. 사실대로 말하면 그것은 세계 속에 있는 만큼이나 다른 곳에 있다. 그것 주위로 사물들이 배치되어 있으며, 그것과의 관계 속에서—마치 절대군주와의 관계처럼—아래, 위, 오른쪽, 왼쪽, 앞, 뒤, 가까운 것, 먼 것이 있기에 그렇다. 몸은 세계의 영도point zéro이다. 여러 갈래의 길과 공간 들이 서로 교차하는 이 영도에서 몸은 아무 데도 없다. 그것은 세상의 중심에 있다. 이 작은 유토피아적 알맹이로부터 나는 꿈꾸고 말하고 나아가고 상상하며, 제자리에 있는 사물들을 지각하고, 또 내가 상상하는 유토피아의 무한한 힘에 의해 그것들을 부인한다. 내 몸은 태양의 도시Cité du Soleil[4]와도 같다. 그것은 장소를 가지지 않는다. 하지만 바로 그것으로부터 실제적이든 유토피아적이든 모든 가능한 장소가 시작되어 뻗어 나가는 것이다.

결국 아이들은 자기가 몸을 가지고 있다는 사실을 아는데 오래 걸린다. 여러 달 동안, 아니 일 년 이상, 아이들은 흩어진 몸, 그러니까 팔다리, 구멍들, 팬 공간들밖에는 가지고 있지 않다. 이 모든 것은 거울 이미지 속에서만 조직되며, 말 그대로 구체화된다[즉 몸을 이룬다]. 더 기이한 일인데, 호메로스 시대의 그리스인들은 몸의 통일성을 일컫는 단어를 갖고 있지 않았다. 아주 역설적이게도 트로이 성 앞, 헥토르와 그의 동료들이 지켰던 그 벽 아래에 몸은 없었다. 치켜든 팔, 용맹스런 가슴, 날렵한 다리, 머리 위에서 빛나는 투구들이 있었을 뿐이다. 몸은 없었다. 몸을 의미하는 희랍어 단어는 호메로스에게서 시체를 가리키기 위해서만 등장한다. 그러니까 우리가 몸을 가지고 있으며, 이 몸은 형태를 가지고 있고, 이 형태는 윤곽을 가지며, 이 윤곽 안에는 밀도가, 또 무게가 있다는 것, 한마디로 몸이 장소를 점유하고 있음을 우리에게(적어도 그리스인들에게, 그리고 지금은 아이들에게) 알려주는 것은 시체와 거울이다. 거울, 그리고 시체야말로 심층적이고 원초적인 몸의 경험에 공간을 부여해주는 것이다. 거

4   [옮긴이] 르네상스 시대의 이탈리아 사상가 캄파넬라Tommaso Campanella(1568~1639)의 저서 『태양의 도시La città del sole』(1602년 집필, 1623년 발간)에 등장하는 유토피아적 사회를 말한다.

울과 시체야말로 매 순간 우리 몸을 황폐하게 만들고 휘발시
켜버리는 이 엄청난 유토피아적 열정을 침묵하게 만들고 진
정시키고 울타리—우리에게는 현재 단단히 닫혀 있는—안
에 가두어둘 수 있게 해준다. 바로 그것들 덕분에, 거울과 시
체 덕분에 우리 몸은 무조건적인 유토피아가 아니다. 그런데
거울 이미지는 우리가 접근 불가능한 공간 속에 머문다는 것,
우리는 우리 시체가 있게 될 곳에 결코 있을 수 없으리라는
것을 감안한다면, 또 거울과 시체는 우리가 정복할 수 없는
다른 곳에 있다는 것을 고려한다면, 유토피아들만이 스스로
를 가둘 수 있으며, 심원하고도 막강한 절대 권력을 가진 우
리 몸의 유토피아를 잠시나마 감출 수 있음을 발견하게 될 것
이다.

　아마도 이 역시 말해두어야 할 것이다. 사랑을 나눈다는
것은 스스로를 되찾은 자신의 몸을 느끼는 것이다. 그것은 마
침내 몸이 모든 유토피아의 바깥에서 자기 밀도를 온전히 가
지고서 타자의 손 안에 존재하는 것이다. 당신을 가로지르는
타자의 손길 아래서, 보이지 않던 당신 몸의 온갖 부분들이
존재하기 시작한다. 타자의 입술에 대응해서 당신의 입술은
감각적인 것이 되고, 반쯤 감겨진 **그의** 눈 앞에서 당신의 얼굴
은 확실성을 얻게 된다. 이제야 당신의 닫힌 눈꺼풀을 보려는
시선이 있는 것이다. 사랑 역시 거울처럼, 그리고 죽음처럼
당신 몸의 유토피아를 누그러뜨린다. 그것은 유토피아를 침

묵시키고 달래주고 상자 안에 넣은 것처럼 가두고 닫아버리고 봉인한다. 그래서 사랑은 거울의 환영, 죽음의 위협과 사촌지간이다. 사랑 주변에 도사리고 있는 이 위태로운 두 형상에도 불구하고 우리가 그렇게나 사랑 나누기를 좋아한다면, 사랑 안에서 몸이 **여기에** 있기 때문이다.

다른 공간들

잘 알려진 바와 같이, 19세기를 사로잡았던 것은 역사라는 거대한 강박관념이었다. 발전과 정체, 위기와 순환, 과거의 축적, 죽음의 엄청난 과잉, 세계를 위협하는 기온 저하 등과 같은 주제들. 19세기는 바로 열역학 제2법칙에서 신화적 자원의 핵심을 발견했다.[1] 현 시대는 아마도 공간의 시대일 것이다. 우리는 동시성의 시대, 병렬의 시대, 가까운 것과 먼 것의 시대, 인접성의 시대, 분산의 시대에 살고 있다. 내가 보기에 우리는 세계를 시간의 흐름에 따라 발전하는 거대한 생명체로서보다는, 여러 지점을 연결하고 그 실타래를 교차시키는 네트워크로서 경험하는 시기에 있다. 어쩌면 오늘날 논쟁을 자극하는 이데올로기적 갈등 가운데 어떤 것들은 시간의 경건한 후손들과 공간의 열렬한 거주자들 사이에서 펼쳐진다고 말할 수도 있으리라. 구조주의, 혹은 적어도 사람들이 다소 일반적인 그 이름 아래 한데 묶는 사유는 시간을 가로질러 분포되어 있을 수 있던 요소들 간 관계들의 총체를 구축하려고 노력한다. 그러한 총체 속에서 요소들은 서로 병렬적이거나 대립적이거나 내포적인 것으로서, 한마디로 일종의 결합태configuration로서 나타난다. 사실 거기서 문제는 시간을 부정하는 것이 아니라, 시간이라고 불리는 것, 역사라고 불리는

---

1   〔옮긴이〕열역학 제2법칙은 고립계에서 에너지는 총 엔트로피가 증가하는 방향으로 흐른다는 원리로, 자연계에서 일어나는 과정은 모두 비가역적이라는 주장을 뒷받침한다.

것을 다루는 특정한 방식인 셈이다.

그런데 오늘날 우리의 관심과 이론과 체계의 지평에 떠오른 공간이 완전히 새로운 것은 아니라는 점에 주목해야 한다. 서양의 경험에서 공간은 그 자체의 역사를 갖는다. 그리고 시간과 공간의 이 숙명적인 교차를 모른 척하기란 불가능하다. 공간의 역사를 아주 거칠게 되새겨본다면, 중세의 공간은 장소들의 위계화된 총체였다고 말할 수 있을 것이다. 신성한 장소와 세속적인 장소, 보호받는 장소와 반대로 아무런 보호 없이 열린 장소, 도시의 장소와 농촌의 장소(이는 모두 사람들의 실제 삶을 위한 장소였다). 우주론으로 말하자면, 천체계lieu céleste에 대립하는 천상계들lieux supra-célestes이 있었다. 천체계는 다시 지상계에 대립했다. 사물이 강제적으로 옮겨져 거기 있게 된 장소가 있었고, 반대로 사물이 자연스럽게 자리를 잡고 머무는 장소가 있었다. 바로 이 모든 위계질서, 대립, 장소들의 교차가 대략 중세의 공간이라 일컬어질 만한 것, 즉 국지화의 공간espace de localisation을 구성했던 것이다.

이러한 국지화의 공간은 갈릴레이Galileo Galilei와 함께 열리게 되었다. 갈릴레이 저작의 진정한 스캔들은 지구가 태양 주위를 돈다는 사실을 재발견한 데 있다기보다는 오히려 무한한 공간, 무한히 열린 공간을 구축했다는 데 있다. 사물의 장소는 운동 속에서의 한 지점일 뿐이고 사물의 정지는 무한히 느려진 운동에 지나지 않게 되었다. 그 결과 갈릴레이 저작 안에서 중세의 장소는 어떤 의미로 해소되어버렸다. 달리 말하면, 갈릴레이에서부터, 그리고 17세기에서부터 연장 l'étendue이 국지화를 대체했던 것이다.[2]

오늘날에는 배치emplacement가 국지화를 대체했던 연장을 다시 대체한다. 배치를 규정하는 것은 지점들이나 요소들 사이의 인접 관계이다. 형식적으로 그 관계는 계열séries, 축 arbres, 격자treillis로서 기술될 수 있을 것이다.

다른 한편, 우리는 당대의 기술에서 배치 문제가 지니는 중요성을 안다. 기계의 메모리에서 이루어지는 정보나 부분적인 계산 결과의 저장, (아주 단순하게는 자동차에서처럼 또는 전화선에서의 온갖 소리처럼) 무작위로 출력되는 불연속적 요소들의 순환, 일원적 혹은 다원적 등급에 따른 분류 내지 임의 할당이 이루어진 어떤 총체 내부에 기입되거나 코드화된 요소들의 탐지 등등.

인구학에서는 더욱 구체적인 방식으로 사람들을 위한 자리place의 문제, 혹은 배치의 문제가 제기된다. 그리고 여기서 인간 배치라는 문제는 단순히 세계에 인간을 위한 자리가 충분한지를 알기 위한 것만은―물론 이도 매우 중요한 문제이지만―아니다. 그것은 이러저러한 목표에 이르기 위해 이러저러한 상황에서 인간 요소들의 어떠한 인접 관계와 어떠

2   〔옮긴이〕이와 관련해 다음의 책을 참고할 수 있다. A. Koyré, *Du Monde clos à l'univers infini*, trad., R. Tarr, Paris, Gallimard, 1973.

한 축적, 순환, 측정, 분류 유형을 우선시해야 하는지 알기 위한 것이기도 하다. 우리는 공간이 배치 관계의 형식 아래 주어진 시대에 살고 있다.

어쨌든 나는 오늘날의 불안은 확실히 시간보다는 공간에 훨씬 더 근본적으로 관련된다고 믿는다. 시간은 대체로 공간 내 산재하는 요소들 간에 가능한 분포의 게임 가운데 하나로 나타날 따름이다.

그런데 현 시대의 공간은 온갖 기술에 둘러싸여 있으며 수많은 지식 망이 그것을 정의하거나 형식화하고 있음에도 불구하고, 아직 완전히 탈신성화된 것 같지는 않다. 의심의 여지없이 19세기에 이미 탈신성화되어버린 시간과는 다르게 말이다. 물론 (갈릴레이의 저작을 신호탄으로) 공간은 이론적으로 일정 정도 탈신성화를 이룬 바 있다. 그러나 우리는 여전히 공간의 실질적인 탈신성화에는 도달하지 못했다. 그리고 우리의 삶은 누구도 건드릴 수 없고 또한 어떠한 제도와 실천도 감히 침범할 수 없었던, 우리가 완전히 주어진 것으로 간주하는 몇몇 대립 쌍에 의해 여전히 지배받고 있다고 말할 수 있으리라. 예를 들면, 사적인 공간과 공적인 공간, 가족적 공간과 사회적 공간, 문화적 공간과 실용적 공간, 여가 공간과 노동 공간이라는 대립 쌍들이 그것이다. 이 모든 것들은 아직까지도 은밀한 신성화 위에서 작동한다.

바슐라르Gaston Bachelard의 작업—실로 방대한—과 현상학자들의 서술은 우리가 살고 있는 공간이 균질적이고 텅 비어 있는 것이 아니라, 반대로 온갖 다양한 성질로 가득 차 있다는 것을, 어쩌면 그 공간은 환상에 사로잡혀 있기까지 하다는 것을 가르쳐주었다. 우리의 원초적인 지각의 공간, 우리의 몽상의 공간, 우리의 정념의 공간은 그 자체에 고유한 것으로 보이는 성질들을 가지고 있다. 그것은 가볍고 지극히 맑으며 투명한 공간이거나, 어둡고 거칠고 혼잡한 공간이다. 그것은 높이의 공간, 꼭대기의 공간이고 반대로 깊이의 공간, 진창의 공간이며 흐르는 샘물처럼 유동적인 공간, 바위나 수정처럼 단단한 부동의 공간이다.

그런데 이러한 분석들은 동시대의 성찰을 위해 근본적이기는 하지만, 각별히 안의 공간espace du dedans에 관련되는 것이다. 나는 이제 바깥의 공간espace du dehors에 관해 말하고자 한다.

우리가 그것 안에 살고 있으면서도 그것에 의해 우리 자신의 바깥으로 이끌리는 공간, 바로 우리의 삶, 시간, 역사가 침식되어가는 공간, 우리를 주름지게 만들고 부식시키는 공간은 그 자체로 불균질한 공간espace hétérogène이기도 하다. 달리 말하면, 우리는 그 내부에 개인과 사물이 자리 잡을 수 있는 일종의 비어 있는 곳에 살고 있는 것이 아니다. 우리는 희미하고 다채로운 빛들로 채색될 수 있는 어떤 공백의 내부에서 살고 있는 것이 아니다. 우리는 서로 환원될 수 없으며 절대로 중첩될 수 없는 배치들을 규정하는 관계들의 총체 속에서 살고 있다.

물론 우리는 배치를 정의하는 준거가 되는 관계들의 총체가 무엇인지 탐구함으로써 이러한 상이한 배치들을 기술하려 시도할 수 있다. 예를 들면, 통로, 거리, 기차(기차는 사람들이 그 안에서 칸에서 칸으로 지나다닐 수 있고, 그것을 타고서 한 지점에서 다른 지점으로 옮겨갈 수 있으며, 또한 그것 자체가 이동하는, 특이한 관계의 다발이다)의 배치들을 규정하는 관계들의 총체를 기술하는 것이다. 카페, 영화관, 해변과 같이 일시적인 머묾의 배치들을, 그것들을 규정하는 관계들의 다발로써 기술할 수 있을 것이다. 마찬가지로 집, 방, 침대 등이 구성하는, 닫혀 있거나 혹은 반만 닫힌 휴식의 배치를 그 관계 망을 통해 기술할 수도 있다. 그러나 내 관심사는 이 수많은 배치들 가운데 몇몇에 한정된다. 그것들은 다른 모든 배치들과의 관계에서 흥미로운 특성을 지닌다. 즉 그것들이 지시하거나 반영하거나 반사하는 관계의 총체를 중단시키거나 중화 혹은 전도시키는 양태를 보이는 것이다. 이 공간들은 어떤 면에서는 다른 모든 배치들과 관계를 맺지만, 동시에 그것들에 어긋난다contredisent. 거기에는 크게 두 가지 유형이 있다.

우선 유토피아가 있다. 유토피아는 실제 장소를 갖지 않는 배치이다. 그 배치는 사회의 실제 공간과 직접적인 또는 전도된 유비 관계를 맺는다. 그것은 그 자체로 완벽한 사회이 거나 사회에 반한다. 그러나 어쨌거나 유토피아는 근본적으로, 그리고 본질적으로 비현실적인 공간이다.

마찬가지로, 아마도 모든 문화와 문명에는 사회 제도 그 자체 안에 디자인되어 있는, 현실적인 장소, 실질적인 장소이면서 일종의 반反배치이자 실제로 현실화된 유토피아인 장소들이 있다. 그 안에서 실제 배치들, 우리 문화 내부에 있는 온갖 다른 실제 배치들은 재현되는 동시에 이의제기당하고 또 전도된다. 그것은 실제로 위치를 한정할 수 있지만 모든 장소의 바깥에 있는 장소들이다. 이 장소는 그것이 말하고 또 반영하는 온갖 배치들과는 절대적으로 다르기에, 나는 그것을 유토피아에 맞서 헤테로토피아라고 부르고자 한다. 그리고 나는 유토피아들과 절대적으로 다른 이 배치들, 즉 헤테로토피아들 사이에는 아마도 거울이라는, 어떤 혼합된, 중간의 경험이 있다고 생각한다. 요컨대 거울, 그것은 유토피아이다. 장소 없는 장소이기 때문이다. 거울 안에서 나는 내가 없는 곳에 있는 나를 본다. [거울의] 표면 뒤에 가상적으로 열리는 비실제적 공간에서, 나는 저편 내가 없는 곳에 있다. 스스로에게 나 자신의 가시성을 부여하는 일종의 그림자, 그것은 내가 부재하는 곳에서 나 자신이 스스로를 바라볼 수 있게 해준다. 거울의 유토피아. 하지만 거울이 실제로 존재하는 한, 그리고 내가 차지하는 자리에 대해 그것이 일종의 재귀 효과를 지니는 한 그것은 헤테로토피아이다. 바로 거울에서부터 나는 내가 있는 자리에 없는 나 자신을 발견한다. 내가 나를 거기서 보기 때문이다. 말하자면 내게로 드리워진 이 시선에서부터, 거울의 반대편에 속하는 이 가상공간의 안쪽에서부터 나는 나에게로 돌아오고, 눈을 나 자신에게 다시 옮기기 시작하며, 내가 있는 곳에서 자신을 다시 구성하기 시작한다. 거울은 헤테로토피아처럼 작동한다. 그것이 내가 거울 안의 나를 바라보는 순간 내가 차지하고 있는 자리를, 절대적으로 현실적인 동시에 절대적으로 비현실적인 것으로 만들기에 그렇다. 그 자리가 주위를 둘러싸고 있는 모든 공간과 연결되어 있다는 점에서 현실적이며, 그것이 지각되려면 〔거울〕 저편에 있는 가상의 지점을 통과해야만 한다는 점에서 비현실적이다.

고유한 차원에서의 헤테로토피아들을 어떻게 기술할 수 있을까? 그것들은 어떤 의미를 가지고 있을까? 우리가 살고 있는 공간에 대해 신화적인 동시에 현실적으로 일종의 이의제기를 하는 상이한 공간들, 다른 장소들을 주어진 사회 안에서 연구, 분석, 묘사하는, 혹은 요즘 사람들이 흔히 말하는 '독해lecture'의 대상으로 삼는 일종의 체계적인 기술記述 방식—최근 과학이라는 말이 함부로 남용되어 그 뜻이 변질되었기 때문에 과학이라고는 말하지 않겠다—을 상정해볼 수 있을 것이다. 이러한 기술을 헤테로토폴로지hétérotopologie라 부를 수 있겠다. 그 첫번째 원리. 아마 세계의 문화들 가운데 헤테로토피아를 구축하지 않는 문화는 없을 것이다. 이것은 모든 인간 집단의 변하지 않는 상수이다. 그러나 헤테로토피아는 분명히 매우 다양한 형식을 지니고 있으며, 절대적으로 보편적인 형식이라고 할 만한 것은 발견되지 않는다. 그럼에도 우리는 그것을 두 가지 주요 유형으로 분류할 수 있다.

이른바 '원시'사회에는 내가 위기의 헤테로토피아라고 부르고자 하는 유형의 헤테로토피아가 있다. 즉 특권화된, 신성한, 혹은 금지된 장소들이 있는 것이다. 그것들은 사회에 대해, 그리고 자기가 살고 있는 인간적 환경에 대해 과도기의 상태에 있는 개인들에게만 허용된다. 청소년, 달거리 중인 여성, 임신 중인 여성, 노인 등등.

이러한 위기의 헤테로토피아는 그 흔적이 우리 사회에 여전히 남아 있긴 하지만 계속해서 사라지고 있다. 예컨대 19세기적 형태의 기숙학교라든지 청년들의 군 복무가 아마도 그러한 역할을 담당했을 터이다. 즉 남성 섹슈얼리티를 처음 드러내는 일은 가정이 아닌, 바로 '다른 곳'에서 일어나야만 했다. 젊은 여성들에게는 20세기 중반까지 '신혼여행'이라고 불리는 전통이 존재해왔다. 그것은 아주 대대로 전해 내려오는 화젯거리이기도 했다. 처녀들의 처녀성 상실은 '어떤 곳도 아닌 장소'에서만 일어날 수 있었고, 신혼여행 중에 머물게 되는 기차, 호텔은 어떤 곳도 아닌 장소, 지리적인 좌표가 없는 헤테로토피아였다.

그런데 오늘날 이 위기의 헤테로토피아들이 사라지면서 그 자리를 일탈의 헤테로토피아라고 부를 법한 것들이 대체하는 것으로 보인다. 그곳에는 사회적인 규범의 요구나 평균에서 벗어나는 행동을 하는 개인들이 들어간다. 요양소, 정신병원, 그리고 물론 감옥이 그러한 장소에 속한다. 아마 여기에 양로원을 덧붙여야 할 것이다. 말하자면, 양로원은 위기의 헤테로토피아와 일탈의 헤테로토피아의 경계에 있다. 필경 그것은 위기이지만, 여가활동이 규칙이 되고 무위가 일탈이 된 우리 사회에서 노화는 일종의 일탈이라고도 할 수 있기 때문이다.

헤테로토피아 서술의 두번째 원리. 역사가 흘러가면서 한 사회는 이전부터 계속 존재해왔으며 존재하고 있는 헤테로토피아를 완전히 다른 방식으로 작동시킬 수 있다는 것이다. 실상 각각의 헤테로토피아는 사회 내부에서 저마다 일정하고 정확한 기능을 가지며, 동일한 헤테로토피아라도 그것이 위치하는 문화의 공시태synchronie에 따라 기능이 달라질 수 있다.

묘지라는 기묘한 헤테로토피아를 사례로 들어보자. 묘지는 확실히 일상적인 문화 공간들과는 다른 장소이다. 그것은 동네, 마을, 사회의 모든 배치들과 연결되는 공간이기도 한데, 어떤 개인이나 가족이라도 묘지에 묻힌 친족 한 명쯤은 있게 마련이기 때문이다. 사실 서구 문화에 묘지는 항상 있었지만, 그것의 존재 방식은 상당한 변화를 겪어왔다. 18세기 말까지 묘지는 바로 도시의 중심, 교회의 옆에 위치해 있었다. 거기에는 온갖 위상의 묘들이 있었다. 개인을 식별할 수 있는 마지막 흔적조차 사라진 시체들이 널브러져 있는 시체 구덩이가 있었고, 몇몇 개인 무덤이 있었으며, 그리고 교회 안의 무덤들이 있었다. 교회 내 무덤들은 다시 두 부류로 나뉘었다. 단순한 표식이 있는 포석이거나 아니면 조각이 있는 웅장한 영묘이거나. 교회라는 신성한 공간 안에 자리 잡았던 묘지는 근대 문명에 접어들면서 완전히 다른 양상을 띠게 된다. 그리고는 신기하게도 우리 문명이 아주 거칠게 말해 '무신론적'으로 변했던 시대에 서구 문화는 사자死者에 대한 숭배로 이름 붙일 법한 일을 시작했다.[3]

요컨대, 사람들이 실제로 육신의 부활과 영혼의 불멸을 믿었던 시기에는 아주 자연스럽게도 시신에 큰 중요성을 두지 않았다. 하지만 반대로 더 이상 육신의 소생과 영혼의 소유에 대한 확신을 갖지 않게 된 순간부터 그들은 시신에 대해 더 많은 주의를 기울여야만 하기에 이르렀다. 이는 결국 세계와 언어 속에서 우리 존재가 남기는 유일한 흔적인 것이다.

어쨌든 우리 각자가 자기만의 작은 상자에 담겨 개별적

---

3   〔옮긴이〕 이와 관련해 다음의 책을 참고할 수 있다. 필리프 아리에스, 『죽음의 역사』, 이종민 옮김, 동문선, 2016.

으로 썩어갈 권리를 갖게 된 것은 19세기부터이다. 다른 한편, 사람들이 묘지를 마을 외곽의 경계에 두기 시작한 것도 고작해야 19세기부터이다. 이러한 죽음의 개인화와 묘지에 대한 부르주아적 전유의 상관관계 속에서 태어난 것이 '질병'으로서의 죽음에 대한 강박관념이었다. 사람들은 죽은 자가 산 자에게 질병을 옮기고, 주택가 곁에, 교회 곁에, 거리 한가운데 가까이 현존하는 죽은 자들이 바로 그 인접성으로 인해 죽음 그 자체를 퍼뜨리는 것으로 추정했다. 묘지로부터의 전염에 의한 질병의 전파라는 이 거대한 테마는 18세기 말까지 지속되었다. 그리고 19세기 중엽 마을 경계 외부 구역으로 묘지를 이전하는 과정이 진행되기 시작했다. 그때부터 묘지는 더 이상 동네의 신성하고 불멸하는 기운이 아니었다. 그것은 '또 다른 마을'을 이루게 되었고, 거기에 가족들은 저마다의 검은 저택〔무덤〕을 갖게 되었다.

세번째 원리. 헤테로토피아는 서로 양립 불가능한 복수의 공간, 복수의 배치를 하나의 실제 장소에 나란히 구현할 수 있다. 그런 식으로 극장은 사각형의 무대 위에서 서로 무관한 일련의 장소를 이어지게 한다. 또 그런 식으로 영화관은 관객들이 그 깊숙이 이차원의 스크린에 삼차원의 공간이 영사되는 것을 보는 아주 기묘한 장방형의 방인 셈이다. 그러나 이러한 모순적인 배치 형식을 띠는 헤테로토피아의 가장 오래된 예는 아마도 정원일 것이다. 잊지 말아야 할 것은 천 년도 더 된 놀라운 창조물인 정원이 동양에서는 아주 심오한 겹 겹의 의미를 가진다는 것이다. 페르시아의 전통적인 정원은 그 사각형 내부에 각기 세계의 네 부분을 표상하는 네 구역을 합친 신성한 공간이었다. 그에 더해, 그 네 구역보다 한층 신 성한 공간, 마치 배꼽처럼 세계의 한가운데 있는 중심점인 공 간이 있었다(거기에는 수반과 분수가 놓였다). 그리고 정원 의 모든 식물은 그 공간 안에서, 그러한 일종의 소우주 안에 서 배분되어야 했다. 양탄자의 경우, 그것은 애초에 정원의 복제물이었다. 정원은 온 세계가 상징적 완벽성을 얻게 되는 양탄자이며, 양탄자는 공간을 가로질러 움직이는 일종의 정 원이다. 정원은 세계의 작은 조각이며, 그리하여 세계의 전체 성인 것이다. 정원, 그것은 고대 이래 널리 퍼져 나간 하나의 탁월한 헤테로토피아이다(그로부터 우리의 동물원이 유래 한다).

네번째 원리. 헤테로토피아는 대개 시간의 분할découpages du temps과 연결된다. 즉 그것은 우리가 대칭적으로 헤테로크 로니아라고 이름 붙일 수 있는 것을 향해 열린다. 헤테로토피 아는 사람들이 전통적인 시간과 완전한 단절 속에 있을 때 제 대로 기능하기 시작한다. 그 점에서 우리는 묘지가 고도로 헤 테로토피아적인 장소라는 것을 알게 된다. 묘지는 개인에게 는 생명의 상실, 그리고 그 스스로 와해되고 지워져버리기를 멈추지 않는 의사-영원성quasi-éernité의 기이한 헤테로크로니아와 더불어 시작하기 때문이다.

우리 사회 같은 곳에서 보통 헤테로토피아와 헤테로크로니아는 상대적으로 복잡한 방식으로 조직되고 배열된다. 우선 무한히 집적되는 시간의 헤테로토피아들이 있다. 예를 들면, 박물관이나 도서관 같은 곳. 박물관과 도서관은 그 안에서 시간이 끊임없이 쌓이고 자꾸자꾸 그 꼭대기에 올라앉게 되는 헤테로토피아이다. 한데 17세기에, 그리고 17세기 말까지도 여전히 박물관과 도서관은 개개인의 선택이 표현되는 곳이었다. 반면 모든 것을 축적한다는 발상, 일종의 보편적인 아카이브를 구축한다는 발상, 한 장소 안에 모든 시간, 모든 시대, 모든 형식, 모든 취향을 가두어놓으려는 의지, 시간 그 바깥에 있으면서 부식되지 않는, 모든 시간을 담아둘 장소를 구성하려는 발상, 이처럼 고정된 어떤 장소에 시간을 영원하고 무한하게 집적하려는 기획, 이 모든 것은 우리의 근대성에 속하는 것이다. 박물관과 도서관은 19세기 서양 문화에 고유한 헤테로토피아이다.

시간의 축적과 연계된 이러한 헤테로토피아의 맞은편에는, 축제의 양식으로 좀더 가볍고 일시적이며 불안정하게 시간과 연계된 헤테로토피아가 있다. 이는 더 이상 영원성의 헤테로토피아가 아니라, 완전히 한시적인chroniques 헤테로토피아이다. 마을 경계에 놀랍게도 텅 비어 있는 배치인 장터가 그렇다. 장터는 일 년에 한두 번 가건물, 좌판, 진기한 물건,

격투사, 뱀여인, 점쟁이들로 들어찬다. 또 아주 최근에는 새로운 한시적 헤테로토피아가 생겨났는데, 바로 휴양촌이다. 폴리네시아의 휴양촌들은 도시인들에게 삼 주라는 짧은 기간 동안 원초적이고도 영원한 벌거숭이로 지낼 수 있는 기회를 제공한다. 게다가 거기서 우리는 시간이 축적되는 영원성의 헤테로토피아와 축제의 헤테로토피아라는 두 가지 형식이 서로 합쳐지는 것을 본다. 그리하여 제르바 섬의 〔휴양촌〕 오두막은 어떤 의미로는 도서관, 박물관과 같은 계열이 된다. 폴리네시아식 삶을 재발견하면서 우리는 시간을 없애버리는데, 이렇게 해서 시간이 되찾아지기 때문이다. 마치 그 원천에까지 거슬러 올라가는 인류의 모든 역사를 〔도서관과 박물관의〕 엄청난 목전의 지식 속에서 만나게 되듯이 말이다.

다섯번째 원리. 헤테로토피아는 언제나 그것을 고립시키는 동시에 침투할 수 있게 만드는 열림과 닫힘의 체계를 전제한다. 일반적으로 우리는 헤테로토피아적 배치에 그것이 방앗간이라도 되는 양 자유롭게 접근할 수는 없다. 우리는 군대나 감옥의 경우처럼 거기 강제로 들어가거나, 아니면 어떤 의례, 정결의식에 따라야만 한다. 특정한 허가를 받고 특정한 행동을 수행하지 않으면 그 안에 들어갈 수 없다. 더욱이 완전히 이 정결 활동에만 할애된 헤테로토피아들도 있다. 이슬람교도의 목욕탕처럼 반은 종교적이고 반은 위생적인 목적의 정결의식도 있고, 아니면 스칸디나비아인들의 사우나처럼 겉보기로는 순전히 위생적인 목적의 정결의식도 있다.

반대로 전면적으로 열려 있는 모습을 한 헤테로토피아들도 있는데, 그것들은 대개 미묘한 배제를 감추고 있다. 누구나 그와 같은 헤테로토피아적 배치에 들어갈 수 있지만, 사실을 말하자면 그것은 환상에 지나지 않는다. 즉 사람들은 안으로 들어갔다고 믿지만, 들어간다는 그 사실 자체에 의해 배제된다. 예를 들면, 나는 남아메리카, 특히 브라질의 큰 농장에 존재했었다는 방에 대해 떠올린다. 거기 들어가는 문은 가족이 거주하는 중심부로 나 있지 않다. 그리고 모든 손님과 여행자 들은 이 문을 밀고 방 안에 들어가 거기서 하룻밤을 묵을 수 있는 권리를 가졌다. 한데 이 방은 손님이 결코 가족의 주거 내부로 진입할 수 있는 구조는 아니었다. 그는 순전히 지나가는 손님이지, 정식으로 초대받은 사람은 아니었던 것이다. 지금 문명에서는 사실상 사라진 이러한 유형의 헤테로토피아를 우리는 명성이 자자한 미국식 모텔 방에서 찾아볼 수 있을 것이다. 사람들은 자기 정부를 태운 자동차를 끌고 거기 들어간다. 그곳에서 불법적인 섹슈얼리티는 절대적으로 보호되고 감춰지는 동시에, 공개적으로는 드러나지 못한 채 고립되어버리는 것이다.

끝으로 헤테로토피아의 마지막 특징은 그것이 나머지 공간에 대해 어떤 기능을 가진다는 것이다. 이러한 기능은 두 가지 극단적인 축 사이에서 펼쳐진다. 한편으로 헤테로토피아는 환상 공간을 만들어내는 역할을 수행한다. 그 공간은 모든 현실 공간을, 그리고 인간 생활을 구획하는 모든 배치를 〔환상 공간보다도〕 더욱 환상적인 것으로 드러낸다. 아마도 이러한 역할은 사람들이 지금은 사적인 곳으로 여기는, 그 유명한 매음굴이 오랫동안 담당해온 것이라 하겠다. 다른 한편 이와는 반대로 우리 공간이 무질서하고 정리되어 있지 않고 뒤죽박죽이라고 보일 만큼 완벽하고 주도면밀하고 정돈된 또 다른 공간, 또 다른 현실 공간을 만들어냄으로써 그 기능을 가지게 되는 헤테로토피아도 있다. 그것은 환상illusion의 헤테로토피아라기보다는 보정compensation의 헤테로토피아이다. 그리고 나는 이것이 일부 식민지들이 작동하는 방식이 아닌지 자문한다.

몇몇 경우에, 식민지들은 전 지구적 수준에서 공간의 조직화라는 문제와 관련해 헤테로토피아의 역할을 수행했다. 예컨대, 나는 식민화의 첫번째 물결이 일어났던 시기인 17세기에 아주 완벽하게 다른 장소인 아메리카에 영국인들이 건설했던 청교도 사회를 생각한다.

나는 또한 남아메리카에 세워진 예수회의 특별한 식민지를 떠올린다. 그것은 완전히 규율 잡힌 경이로운 식민지였다. 그 안에서는 실제로 완벽한 인간성이 성취되었다. 파라과이의 예수회 수도사들은 주민들을 언제 어디에서나 규제할 수 있는 식민지를 구축했다. 마을은 안쪽에 교회가 있는 장방형 광장 주변에 엄격한 배열을 따라 꾸며졌다. 한편에는 기숙학교, 다른 편에는 묘지가 있었고, 교회 앞에는 직각으로 교차하는 두 개의 대로가 나 있었다. 이 두 축을 따라 각 가정이 소유한 작은 집이 줄지어 있었는데, 이렇게 해서 예수의 기호 〔십자가〕가 정확하게 재현되었다. 기독교도들은 이처럼 아메리카 세계의 공간과 지리를 자기들의 근본 기호로 표시하고 있었던 것이다.

개인들의 일상생활은 호루라기가 아닌 종소리에 의해 규제되었다. 모든 사람의 기상은 같은 시각에 맞춰졌고, 일 역시 같은 시각에 시작되었다. 식사 시간은 정오와 오후 다섯 시였다. 그리고 모두 취침했다가 자정에는 이른바 부부의 기상이 행해졌다. 즉 수도원의 종이 울리면 제각기 자신의 〔생식의〕 의무를 수행했던 것이다.

매음굴과 식민지는 두 가지 극단적인 유형의 헤테로토피아이다. 만일 자급자족적이고 자기폐쇄적이며, 무한한 바다에 숙명적으로 내맡겨져 있는, 장소 없는 장소이자 떠다니는 공간의 조각인 배, 19세기의 거대한 배가 이 항구에서 저 항구로, 이 홍등가에서 저 홍등가로, 이 항로에서 저 항로로 전전하면서 식민지들이 자기들 정원 안에 아주 소중하게 간직하고 있는 것을 찾으러 그곳까지 갔다는 점을 고려하면, 당신은 배가 왜 우리 문명에서, 16세기 이래 지금까지 가장 거대한 경제적 수단(이는 오늘 이야기의 주제는 아니다)인 동시에 가장 거대한 상상력의 보고였는지를 이해하게 된다. 배, 그것은 전형적인 헤테로토피아이다. 배 없는 문명에서는 꿈이 고갈되고, 정탐질이 모험을 대신하며, 경찰이 해적을 대체하고 마는 것이다.

공간, 지식, 권력
—
폴 래비나우와의 인터뷰

인류학자 폴 래비나우Paul Rabinow(1944~2021)는 푸코 철학의 정평 있는 해설자로 유명하며, 미국의 푸코 수용에 중요한 역할을 수행했다. 그는 다양한 인류학적, 철학적, 계보학적 연구서들 이외에도 푸코의 주요 텍스트를 편집한 『푸코 선집*The Foucault Reader*』(1984), 『푸코 핵심 논선*The Essential Foucault*』(2003)을 펴낸 바 있다.

폴 래비나우: 학술지 『헤로도토스 *Hérodote*』가 기획한 지리학자들과의 인터뷰[1]에서, 당신은 건축이 18세기 말에 정치적인 것이 된다고 말한 바 있습니다. 건축은 의심의 여지 없이 그 이전에도, 예컨대 로마제국 치하에서도 정치적이었다고 할 수 있는데, 그렇다면 18세기의 특수성은 무엇이었습니까?

미셸 푸코: 내 표현이 좀 서툴렀습니다. 물론 내가 건축이 18세기 이전에는 정치적이지 않았다든가, 그 시대부터 정치적인 것이 되었다고 말하려 했던 것은 아닙니다. 나는 다만 18세기에 사회의 통치government 목표와 기술techniques의 함수로서 건축에 관한 성찰이 발전한다는 사실을 말하고자 했을 따름입니다. 질서 유지에 요구되는 조건들을 감안할 때, 그러니까 전염병을 면하고 반란을 피하고 건전하며 도덕적인 가정생활을 촉진해야만 할 때 사회질서는 어떠해야 하는지, 도시는 또 어떠해야 하는지에 관해 자문하는 형식의 정치적 문헌이 부상하기 시작합니다. 이 목표들을 고려할 때 도시의 조직, 그리고 집합적 하부구조의 구축을 어떻게 개념화해야 하는가? 집을 어떻게 건축해야만 하는가? 나는 이러한 유

---

1   "Questions à Michel Foucault sur la géographie," in *Dits et écrits 1954-1988*, III, n. 169, Paris, Gallimard, 1994, pp. 28~40. 〔미셸 푸코, 「지리학에 관해 푸코에게 보내는 질문」, 『권력과 공간』, 이상길 옮김, 문학과지성사, 2023, pp. 112~37.〕

형의 성찰이 18세기 이전에는 나타나지 않았다고 주장하려
는 것이 아니라, 단지 18세기에 와서야 그러한 문제들에 관한
광범위하고도 일반적인 성찰이 등장했다고 말하는 것입니
다. 그 시대의 내치police 보고서—즉 통치기술에 관련된 논
고—를 참조하면, 건축과 도시공학이 아주 중요한 자리를 차
지했음을 알 수 있습니다. 그것이 바로 내가 하고 싶었던 이
야기입니다.

래비나우: 고대인들, 즉 그리스나 로마에서는 어떤 차이
가 있었습니까?

푸코: 로마와 관련지어서 논하자면, 비트루비우스Marcus
Vitruvius[2]가 모든 논의의 중심에 있었다고 볼 수 있습니다. 비
트루비우스는 16세기 이래 재해석되었지요. 16세기에는—
그리고 분명 중세에도—비트루비우스의 것과 같은 계열의
논고, 즉 '[비트루비우스에] 관한 성찰'이라고 간주할 수 있
을 만큼 유사한 논고들이 상당수 있었습니다. 정치, 통치술,
좋은 통치의 정의에 대한 논고들은 일반적으로 도시의 조직
이라든지 건축에 관한 장이나 분석을 담고 있지 않았습니다.

---

2   M. Vitruvius, *De architectura libri decem*, Florence, 1522 (*Le dix
livret d'architectire de Vitruve*, trad., C. Perrault, Paris, J. B. Coignard,
1673, rééd. et revu par A. Dalmas, Paris, Balland, 1979). [옮긴이]
비트루비우스는 기원전 1세기경 로마의 건축가로, 현존하는
가장 오랜 건축 관련 저작인 『건축 10서』를 남겼다. 르네상스기에
재발견된 이 책은 19세기까지 유럽 건축에 큰 영향을 미쳤다.

장 보댕Jean Bodin의 『국가에 관한 6권의 책』[3]은 건축의 역할에 관한 상세한 논평을 포함하고 있지 않습니다. 반면 18세기의 내치 논고들은 그러한 논평으로 가득 차 있습니다.

래비나우: [18세기 이전에는] 기술과 실천이 있었지만 담론은 존재하지 않았다는 의미입니까?

푸코: 18세기 이전에 건축에 관한 담론이 없었다는 말이 아닙니다. 18세기 이전의 건축 관련 논쟁이 정치적 차원이나 함의를 결여하고 있었다는 말도 아닙니다. 내가 강조하려는 것은 18세기부터는 정치를 인간의 통치기술로 간주하는 모든 논고들에 도시계획, 공공시설, 보건, 개인 소유의 건축물에 관한 하나 이상의 장이 반드시 들어가게 된다는 점입니다. 그러한 장들은 16세기의 통치기술 관련 논의에서는 발견되지 않습니다. 그리고 그와 같은 변화는 건축에 관한 건축가들의 성찰 속에서는 아니더라도, 정치인들의 성찰 속에서는 아주 분명히 나타납니다.

래비나우: 그렇다면 그것이 딱히 건축 이론 자체의 변화와 맞물리지는 않았다는 뜻인가요?

3   J. Bodin, *Les six livres de la République*, Paris, J. Du Puys, 1576
     (rééd. dans *Le corpus des œuvres de philosophie en langue française*,
     Paris, Fayard, 1986). [장 보댕, 『국가에 관한 6권의 책』, 나정원
     옮김, 아카넷, 2013.] [옮긴이] 장 보댕(1530~96)은 프랑스의
     법학자이자 정치사상가로, 절대주의 왕정 성립기의 대표적인
     이론가로 꼽힌다.

푸코: 그렇습니다. 그것이 반드시 건축가들의 정신이나 기술에서의 변화는 아니었지만—이는 아직 증명해야 할 문제로 남아 있습니다—정치인들의 정신에서의 변화, 그들이 관심을 기울이게 될 대상을 선택하고 주목하는 형식상의 변화이기는 했습니다. 17세기와 18세기를 거치면서 건축은 그러한 대상의 하나가 되었습니다.

래비나우: 그 이유를 설명해주실 수 있겠는지요?

푸코: 글쎄요. 그것은 도시의 문제, 그리고 17세기 초에 명확히 정식화된 관념, 그러니까 프랑스처럼 거대한 국가를 통치하려면 결국 도시를 모델로 그 영토를 사고해야만 한다는 관념의 정착 같은 몇몇 현상과 연관이 있는 것으로 보입니다. 도시는 더 이상 농지와 삼림과 도로로 이루어진 영토 안의 예외, 또는 특권적인 장소로 지각되지 않았습니다. 그것은 더 이상 보통법common law을 벗어나 있는 외딴 섬이 아니었습니다. 대신 도시는 그것이 제기하는 문제들, 그것이 취하는 특수한 형태까지 포함해서, 영토 전체에 적용되어야 하는 통치 합리성governmental rationality의 모델로 기능했습니다.

국가가 거대한 도시와 같다는 전제로부터 일련의 영토 통치 프로젝트 또는 유토피아가 발전했습니다. 거기서 수도는 중앙광장으로, 도로는 거리로 나타납니다. 도시에 적용되는 것만큼 엄격하고 효과적인 내치 체계가 전 영토에 확장될 때 국가는 잘 조직되었다는 평가를 받을 수 있을 것입니다.

원래 내치 개념은 도시의 평온을 보장하기 위한 규제의 총체만을 가리켰는데, 이 시기부터 모든 영토를 통치하기 위한 합리성의 유형이 됩니다. 도시의 모델은 국가 전체에 적용되는 규제의 모태가 되었습니다.

〔내치, 치안, 경찰 등으로 옮길 수 있는〕폴리스police 개념은 심지어 오늘날 프랑스에서조차 종종 잘못 이해됩니다. 프랑스인에게 폴리스에 관해 말하면 단지 제복 입은 경관이나 정탐 기관 따위를 떠올리기 십상입니다. 17세기와 18세기에 '내치'는 통치 합리성의 프로그램을 가리켰습니다. 우리는 그것을 개인의 행동 일반에 대한 규제 체계, 즉 특별한 개입 없이도 매사가 자동적으로 유지될 만큼 잘 통제되는 규제 체계를 창출하려는 프로젝트로 정의할 수 있습니다. 이는 '내치'의 실천을 개념화하는 아주 전형적인 프랑스 식 시도였습니다. 영국의 경우에는 그에 비견할 만한 체계를 정교화시키지 못했습니다. 거기엔 몇 가지 이유가 있는데, 대체로 의회주의 전통과 지역적·지방적 자율성의 전통 같은 요인들 때문이었습니다. 물론 종교 체계의 영향도 빼놓을 수 없을 것입니다. 우리는 나폴레옹을 18세기 내치국가Etat de police(당연히 오늘날 알려져 있는 경찰국가Etat policier의 의미에서가 아니라 우리가 여기서 일깨우는 의미에서)의 구식 조직과 그가 창안했던 근대 국가의 형식들 사이의 단절 지점에 정확하게 자리매길 수 있습니다. 어쨌거나 사회의 모든 메커니즘에 침투해

그것을 자극하고 규제하고 거의 자동적으로 만들 수 있을 내치에 대한 관념이 18세기와 19세기 중에—상업 영역에서는 비교적 빨리, 다른 영역들에서는 다소 느리게—나타난 것으로 보입니다.

이러한 발상은 이후 폐기됩니다. 질문은 방향을 틉니다. 우리는 더 이상 다음과 같이 질문하지 않습니다. 정치체corps politique를 가장 근본적인 구성 요소들에 이르기까지 파고들 수 있는 통치 합리성의 형식은 무엇인가? 질문은 이렇게 변했습니다. 통치는 어떻게 가능한가? 그러니까 모든 일이 통치 합리성에 부합하면서 개입 없이도 더 유리한 양상으로 전개되기 위해서는 통치 행위에 어떤 제한 원리를 적용해야 하는가?

여기에서 자유주의의 문제가 솟아오릅니다. 바로 이 순간에 너무 많이 통치하는 것은 전혀 통치하지 않는 것이나 다를 바 없다—기대한 바와 정반대되는 결과를 초래한다—는 점이 명확해졌던 것으로 보입니다. 이 시기에 사람들은 사회라는 관념—그것은 18세기 말 정치사상의 위대한 발견 가운데 하나이지요—을 발견했습니다. 통치가 특정 영토, 영지를 관할하고 신민을 돌봐야 할 뿐만 아니라, 복잡하고 독립적인 실재, 그만의 고유한 법칙과 반응 메커니즘, 규제와 무질서의 가능성을 가지는 실재를 다루어야만 한다는 것이지요. 이 새로운 실재가 바로 사회였습니다. 우리가 사회를 관리해야만 할 때, 거기서 내치가 완벽히 작동할 수 있다고 그저 예단할 수는 없습니다. 사회에 관해, 그 고유한 특성, 그 항수와 변인들에 관해 성찰하는 일이 필요해진 것입니다.

래비나우: 그리하여 공간의 중요성에 변화가 생겨납니다. 18세기에는 영토가 있었고, 이 영토의 주민들을 어떻게 통치할 것인가라는 문제가 있었습니다. 그 예로 알렉상드르 르메트르Alexandre Le Maître의 『라 메트로폴리테』(1682)[4]— 수도의 건설 방식에 관한 유토피아적인 논고—를 들 수 있을 것입니다. 우리는 영토와 그것을 관할하는 방식에 대한 은유 혹은 상징으로서 도시를 이해할 수 있습니다. 이 모든 것은 실로 공간적이었던 데 반해, 나폴레옹 이후 사회는 반드시 그렇게 **공간화되지는**spatialized 않았습니다…

푸코: 바로 그렇습니다. 사회는 더 이상 그렇게 공간화되지 않았는데도, 동시에 공간적인 것으로 간주되는 문제들이 적지 않게 출현했습니다. 도시 공간에는 고유한 위험들이 있었습니다. 질병—예컨대, 1830년부터 1880년경까지 유럽에 창궐했던 전염병 콜레라—이라든지, 같은 시대에 유럽 전

---

4   A. Le Maître, *La métropolitée, ou de l'établissement des villes capitales*, Amsterdam, 1682. 〔옮긴이〕 병참장교이자 병기제작자였던 알렉상드르 르메트르(1649~?)는 도시공학의 선구자 격으로 알려져 있다. 그는 또 '인구population'라는 용어를 '주민의 수peuplement'라는 근대적 의미로 처음 쓴 저자들 가운데 한 명으로 꼽힌다.

역을 뒤흔들었던 도시 폭동 형태의 혁명 같은 것 말입니다. 이 공간적 문제들은 전례가 없는 것은 아니었겠지만, 새로운 중요성을 얻게 됩니다.

두번째로, 철도가 등장하면서 공간과 권력의 관계가 새로운 양상을 띠게 되었습니다. 철도는 전통적인 도로망에 반드시 들어맞지는 않는 커뮤니케이션 망을 구축했는데, 그러면서 사회의 성격과 그 역사를 고려해야만 했습니다. 게다가 철도 때문에 온갖 사회현상이 생겨났습니다. 여러 저항이 야기되었고, 인구 변동이 나타났으며, 사람들의 태도가 변화했습니다. 유럽은 철도가 이끌어낸 사람들의 태도 변화에 즉시 민감하게 반응했습니다. 예컨대, 〔프랑스 서남부의〕 보르도와 〔서부의〕 낭트를 연결한다면 무슨 일이 일어날 것인가? 이는 이전에는 상상할 수 없었던 것입니다. 프랑스와 독일의 주민들이 만나고 서로를 알 수 있게 된다면 어떤 일이 일어날 것인가? 철도가 있는데도 여전히 전쟁이 가능할 것인가? 프랑스에서는 철도가 민족들 간에 친밀성을 증가시키고, 이렇게 해서 생겨난 새로운 형태의 인간적 보편성이 전쟁을 불가능하게 만들 것이라는 이론이 발전했습니다. 하지만 사람들이 예견하지 못했던 것은—프랑스 군부보다 훨씬 더 영리했던 독일 군부는 그 점을 충분히 인지하고 있었지만—철도가 정반대로 전쟁을 벌이기 훨씬 쉽게 만들었다는 사실이었습니다. 세번째 혁신은 전기인데, 이는 훨씬 더 나중에 등장합니다.

이처럼 정치권력의 행사와 영토 공간 혹은 도시 공간 사이의 관계와 같은, 완전히 새로운 관계의 문제가 있었습니다.

래비나우: 그래서 이전보다는 건축이 덜 문제시되었던 셈이군요. 당신이 묘사하는 것은 일종의 공간의 기술입니다…

푸코: 사실상 19세기부터 공간의 주요 문제는 〔건축과는〕 다른 유형의 것이었습니다. 이는 건축적인 성격의 문제가 잊혔다는 뜻은 아닙니다. 내가 언급했던 첫번째 문제들— 질병과 정치 문제—과 관련해서 건축은 아주 중요한 역할을 수행해야 했습니다. 도시계획과 노동자 주거단지의 설계에 관한 성찰—이 모든 질문—은 건축에 관한 성찰의 한 영역이었습니다.

래비나우: 하지만 건축 그 자체라든지, 국립미술학교 École des beaux-arts[5]는 완전히 다른 공간적 이슈들에 속하겠지요.

푸코: 당신 말이 맞습니다. 이 새로운 테크놀로지 및 새로운 경제 과정의 탄생과 함께, 우리는 더 이상 내치국가의

---

5   〔옮긴이〕 1648년 설립된 미술아카데미Académie des beaux-arts에 기원을 두고 있는 이 기관은 1863년 국립미술학교가 되었다. 프로그램은 크게 '회화 및 조각 아카데미'와 '건축아카데미'로 구성되었으며, 건축 분야는 68혁명 이후 분리되었다.

영토의 도시화를 모델로 삼지 않고 도시공학과 건축의 한계를 훨씬 넘어서는 공간에 관한 사유가 나타나는 것을 보게 됩니다.

래비나우: 그 결과, 국립토목학교École des ponts et chaussées[6]가 문제가 됩니다…

푸코: 그렇지요. 국립토목학교와 그것이 프랑스의 정치적 합리성에서 차지하는 중요성은 〔공간에 관한 새로운 사유의〕 일부를 이룹니다. 공간을 사고했던 이들은 건축가들이 아니라 엔지니어들, 다리와 도로, 고가, 철도의 건설자들이었고, (프랑스 철도를 실질적으로 통제했던) 국립이공과학교École polytechnique 졸업생들[7]이었습니다.

래비나우: 이러한 상황은 오늘날에도 마찬가지인가요? 아니면 공간의 기술자들 사이의 관계에 변화가 일어나고 있는지요?

6   〔옮긴이〕 1747년 설립된 왕립토목학교가 1791년 국립으로 전환된 것으로, 국가가 도로, 교량, 운하 건설과 토목 엔지니어 교육을 관장하기 위해 설립한 것이다. 토목학교는 광업학교, 포병학교 등과 더불어 국립이공과학교 졸업생들이 진학하는 응용학교 가운데 하나이다.

7   〔옮긴이〕 1794년 설립된 공공사업중앙학교École centrale des travaux publics의 후신으로, 1795년 현재의 교명을 갖게 되었다. 국가 방위를 위해 토목 및 군사 업무를 수행하는 엔지니어들을 양성할 목적으로 설치된 이 학교는 행정부, 군대, 산업계의 다양한 직무에 종사하는 기술관료, 군기술장교, 과학자, 기술자 등을 배출한다.

푸코: 우리는 물론 어떤 변화들을 확인할 수 있을 것입니다. 하지만 오늘날까지도 국토 개발 담당자들, 토목학교 출신 엔지니어들은 여전히 [핵심 인물로] 남아 있습니다…

래비나우: 건축가들은 더 이상 그들이 이전에 그랬던 것처럼, 혹은 그렇다고 믿었던 것처럼 딱히 공간의 지배자는 아니라는 말인가요?

푸코: 그렇습니다. 그들은 영토, 커뮤니케이션, 속도라는 세 가지 주요 변수의 기술자나 엔지니어가 아닙니다. 이 변수들은 건축가들의 영역을 벗어나지요.

래비나우: 과거나 현재의 건축 프로젝트 가운데 당신이 보기에 자유 혹은 저항의 힘을 표상하는 것이 있습니까?

푸코: 나는 어떤 것은 '해방'의 층위에 속하고 또 어떤 것은 '억압'의 층위에 속한다고 말할 수 있다고 생각하지 않습니다. 우리가 강제수용소concentration camp처럼 확신을 가지고 그것이 해방의 도구가 아니라고 말할 수 있는 것들이 있기는 합니다. 하지만 주어진 체계가 얼마나 공포를 부추기든 간에, 어떠한 저항도 사전에 막아버리는 고문과 처형을 제외한다면, 언제나 저항과 불복종, 대항 세력화의 가능성이 존재한다는 사실을—이는 일반적으로 간과되는데—고려해야만 합니다.

반대로 나는 기능상 근본적으로—그 진정한 본질에 있어서—해방적인 무언가가 존재한다고도 믿지 않습니다. 자유는 **실천**입니다. 따라서 언제나 이런저런 제약들을 조정하고 더 유연하게 만들거나 심지어 깨부수고자 하는 많은 기획들이 있지만, 이러한 기획 가운데 어떤 것도 단순히 그 본성상 사람들에게 자동적으로 자유를 보장해줄 수는 없으며, 기획 그 자체만으로 자유가 확립되게끔 할 수도 없습니다. 사람들의 자유는 결코 그것을 보장해주는 법이나 제도에 의해 확보되지 않습니다. 따라서 그러한 법과 제도는 거의 모두 반대의 목적으로 쓰일 수도 있습니다. 이는 그것들이 모호하기 때문이 아니라, '자유'는 행사되어야만 하는 것이기 때문입니다.

래비나우: 이 문제를 보여주는 사례 가운데 도시와 관련된 것이 있을까요? 혹은 건축가의 성공을 보여주는 예가 있는지요?

푸코: 어느 정도까지는 르코르뷔지에Le Corbusier[8]가 그렇습니다. 오늘날 우리는 그를—내가 보기엔 완전히 불필요할 정도로 잔인하게—일종의 은밀한 스탈린주의자로 묘사합니다. 그러나 나는 그가 선량한 의도를 가진 사람이었다고 확신합니다. 그가 했던 일은 사실 해방적인 효과를 생산하기 위한 것이었습니다. 그가 제안했던 수단들이 결국에는 그가

---

8 〔옮긴이〕 르코르뷔지에(1887~1965)는 스위스 태생의 프랑스 건축가이자 화가, 디자이너이다. 근대 건축의 대표적인 이론가였던 그는 무엇보다 인간을 위한 건축을 중시했고, 대단위 주거지, 도로와 교통망의 재구성, 건물의 기능별 배치 등을 바탕으로 한 새로운 도시 형태를 제안하기도 했다.

생각했던 것과 달리 별로 해방적이지 않았을 수는 있습니다. 하지만 되풀이하건대, 나는 자유의 행사를 보장하는 것이 결코 사물의 구조에 내재할 수는 없다고 생각합니다. 자유의 보장책은 자유입니다.

래비나우: 당신은 르코르뷔지에를 성공 사례로 꼽지 않고, 다만 그의 의도가 해방적이었다고 말합니다. 성공 사례를 말해줄 수 있습니까?

푸코: 아뇨. 그것은 성공할 수 **없습니다**. 만일 누군가 자유가 효과적으로 행사되는 자리—아마도 몇몇 자리가 있을 텐데—를 찾는다면, 그는 그것이 사물의 질서 덕분이 아니라, 다시 말하지만 자유의 실천 덕분이라는 점을 발견하게 될 것입니다. 이는 우리가 어쨌든 사람들을 슬럼에 그대로 방치해놓고서 그들이 거기에서도 간단히 자기 권리를 행사할 수 있을 것이라고 본다는 이야기는 아닙니다.

래비나우: 이는 건축 그 자체만으로는 사회 문제들을 해결할 수 없다는 뜻인가요?

푸코: 나는 건축가의 해방적 의도가 자유를 행사하는 사람들의 실제 실천과 겹쳐질 때 건축이 긍정적인 효과를 생산할 수 있고 또 생산한다고 믿습니다.

래비나우: 하지만 동일한 건축물이 다른 목적에 봉사할 수도 있지 않습니까?

푸코: 확실히 그렇지요. 기즈에 있는 장-밥티스트 고댕

Jean-Baptiste Godin의 파밀리스테르Familistère(1859)를 또 다른 예로 들어봅시다.[9] 고댕의 건축은 명백하게 사람들의 자유를 목표로 삼은 것이었습니다. 이곳에는 각자 직업 활동을 수행하는 평범한 노동자들의 힘을 드러내는 무언가가 있었습니다. 그것은 노동자 집단에게는 상당히 중요한 자율성의 기호이자 도구였습니다. 그런데 그 누구도 남들 눈에 띄지 않으면서 이 장소에 들어가거나 나올 수 없었습니다. 이는 그 건축의 철저히 억압적일 수 있는 면모인 셈이지요. 그렇더라도 그 건축이 실제로 억압적이려면, 사람들이 다른 이들을 감시하기 위해 일부러 나와 애쓸 준비가 되어 있어야만 할 것입니다. 거기에 제약 없는 성적 실천의 공동체가 세워진다고 상상해봅시다. 그것은 다시 자유의 장소가 되겠지요. 나는 사람들에 의한 실질적인 자유의 실천, 사회 관계의 관행, 그리고 사람들이 자리 잡고 있는 공간적 분포spatial distributions[지역, 장소, 건축 등]를 떼어놓고 보려 하는 것은 상당히 자의적이라고 생각합니다. 그것들은 서로 떼어놓고서는 이해할 수 없습니다. 즉 그것들 하나하나는 서로를 통해서만 이해할 수 있는 것입니다.

9   [옮긴이] 장-밥티스트 고댕(1817~88)은 프랑스의 성공한 기업가로 샤를 푸리에Charles Fourrier의 유토피아적 사회주의 사상에 크게 영향받았던 인물이다. 그는 기즈에 자신이 고용한 노동자들의 공동 주거단지인 파밀리스테르를 건설했다. 이상적인 주거 공동체로 기획된 파밀리스테르는 거주뿐만 아니라 소비,

래비나우: 그럼에도 사람들은 인간을 해방하거나 억압하기 위한 유토피아적 도식을 발견하려는 시도를 종종 해왔습니다.

푸코: 사람들은 해방 기계liberating machines를 꿈꿔왔지요. 그러나 정의상 자유의 기계 같은 것은 존재하지 않습니다. 이는 자유의 행사가 공간적 분포와 완전히 무관하다는 의미가 아니라, 일종의 수렴이 있을 때에만 제대로 기능할 수 있다는 말입니다. 불일치나 왜곡이 있는 경우, 원래 의도한 것과는 정반대되는 효과가 즉각 나타날 것입니다. 판옵티콘적인 속성 때문에 기즈는 감옥으로 쓰이기에도 아주 적당했겠지요. 이는 아주 간단한 일이었을 것입니다. 분명한 것은 사실상 파밀리스테르가 견디기 어려운 집단 압력과 훈육의 도구로도 아주 잘 이용될 수 있었으리라는 점입니다.

래비나우: 그렇다면 또다시 건축가의 의도는 가장 근본적인 결정 요인이 아닌 셈입니다.

푸코: 어떤 것도 근본적이지 않습니다. 사회의 분석에서 흥미로운 것은 바로 그 점입니다. 그런 이유에서 사회 내 권력의 기초라든지 사회의 자기정립 등에 관한 탐구—정의상 형이상학적인—는 나를 가장 당혹스럽게 만드는 일입니다. 권력의 기초나 사회의 자기정립은 근본적인 현상이 아닙니

의료, 교육, 여가 등을 위한 각종 편의시설을 갖추고 노동 현장과 연계되었으며 협동조합적 방식으로 운영되었다.

다. 상호 관계, 그리고 서로 관계 맺고 있는 〔사람들의〕 상이한 의도들intentions[10] 간의 영원한 간극만이 있을 따름입니다.

래비나우: 당신은 의사, 간수, 성직자, 판사 그리고 정신의학자를 정치적 결합태configurations 내에서 지배에 연루되어 있는 주요 인물들로 뽑은 바 있습니다. 그 목록에 건축가도 들어가는지요?

푸코: 당신도 알다시피, 내가 의사라든지 그와 비슷한 유형의 인물들을 언급했을 때 정말 의도했던 바는 지배의 형상을 묘사하는 것이 아니었습니다. 그보다 나는 그를 통해 권력이 통과해가는 사람들, 혹은 권력 관계의 장에서 중요한 인물들을 기술하고자 했습니다. 어빙 고프먼Erving Goffman이 아주 잘 분석했듯이,[11] 정신병원의 환자는 아주 복잡한 권력 관계의 장 안에 놓이게 됩니다. 그리스도 교회Christian church나 가톨릭 교회의 성직자(개신교 교회들에서는 사정이 약간 다르지요)는 권력 관계망의 중요한 연결점입니다. 하지만 건축가는 그러한 부류의 개인은 아닙니다.

요컨대, 건축가는 나에 대해 권력을 가지지 않습니다. 만일 그가 날 위해 지은 집을 내가 부수거나 바꾸고 싶어 하고 새로운 칸막이를 치거나 굴뚝을 더하려 든다 해도, 건축가는

---

10   〔옮긴이〕 프랑스어본에는 이 단어가 관계relations로 옮겨져 있다.

11   E. Goffman, *Asylums*, New York, Doubleday, 1961. 〔어빙 고프먼, 『수용소』, 심보선 옮김, 문학과지성사, 2018.〕

그것을 통제할 수 없습니다. 따라서 건축가는 다른 범주에 놓여야 합니다. 이는 그가 사회 안에서 행사되는 권력의 조직과 수행, 온갖 권력기술과 동떨어져 있다는 의미가 아닙니다. 나는 우리가 건축 속에 투여되는 수많은 권력기술을 이해하려면 건축가의 프로젝트뿐만 아니라 건축가 **그 자신**—그의 심성, 그의 태도—을 고려해야만 한다고 봅니다. 그러나 그는 의사, 성직자, 정신의학자, 또는 간수와 비교할 수 있는 인물은 아닙니다.

래비나우: 최근 건축계에서는 '포스트모더니즘'에 큰 관심을 기울이고 있습니다. 그것은 철학에서도 많이 논의되고 있지요. 특히 장-프랑수아 리오타르Jean-François Lyotard와 위르겐 하버마스Jürgen Habermas에 의해서 말입니다. 역사적 참조historical reference와 언어 놀이language play는 분명히 근대의 에피스테메épistémè에서 중요한 역할을 수행했습니다. 당신은 건축으로서의 포스트모더니즘을, 또 그것이 제기하는 역사적이고 철학적인 문제들과 관련해 포스트모더니즘을 어떻게 바라보시는지요?

푸코: 나는 우리가 맞서 싸워야 할, 아주 널리 퍼진 안이한 경향이 있다고 생각합니다. 주적으로 막 떠오른 대상을 마치 그것이 늘 우리가 해방을 갈구했던 억압의 주된 형태였던 것인 양 지목하는 경향 말입니다. 그와 같은 단순한 태도는 이제 여러 가지 위험한 결과를 수반합니다. 첫째, 사람들

은 결코 누린 적 없는 과거의 상상적인 행복이나 싸구려 의고 주의archaism를 추구하게 됩니다. 예를 들어, 내가 관심을 갖고 있는 분야에서 동시대의 섹슈얼리티가 얼마나 끔찍한 것으로 기술되는지를 살펴보면 아주 재미있지요. 오늘날에는 일단 텔레비전을 꺼야지만! 대량 생산된 침대에서나! 섹스가 가능하다는 식입니다. '멋졌던 옛 시절에는 그렇지 않았는데…' 글쎄, 멋졌던 그 시절에는 사람들이 하루에 열여덟 시간씩 일을 하고 여섯 명이 한 침대에서 잠을 잤습니다. 물론 운 좋게 집에 침대가 하나라도 있을 경우에 말입니다! 현재 또는 아주 가까운 과거에 대한 이러한 증오에는 완전히 신화적인 과거를 소환하려는 위험한 경향이 내포되어 있습니다. 다음으로 하버마스가 제기하는 문제가 있지요. 예컨대, 만일 칸트Emmanuel Kant나 베버Max Weber의 작업을 방기한다면 우리는 비합리성 속으로 굴러 떨어질 위험이 있다는 것입니다.

난 이 말에 완전히 동의합니다만, 동시에 우리가 제기하는 문제는 상당히 다른 것입니다. 나는 18세기 이래 철학과 비판적 사유의 중심 이슈는 언제나—지금도 여전히 그렇고 앞으로도 그럴 것입니다—다음과 같은 질문이었다고 생각합니다. 우리가 사용하는 이 이성reason은 무엇인가? 그것의 역사적 효과는 무엇인가? 그 한계는 무엇이며, 그 위험은 무엇인가? 어떻게 우리는 각종 내생적 위험들이 불행하게 가로지르는 합리성을 다행스럽게도 헌신적으로 실천하는, 합리적인 존재로 있을 수 있는가? 우리는 이 질문에 가급적 가까이 머물러 있어야만 합니다. 그것은 중심적인 문제인 동시에 아주 해결하기 어려운 문제라는 점을 명심하면서 말이지요. 더욱이 이성을 제거해야만 할 적이라고 말하는 것이 극히 위험한 만큼, 합리성에 대한 어떠한 비판적 문제제기도 우리를 비합리성에 빠트릴 위험이 있다고 말하는 것 또한 지극히 위험합니다. 인종주의가 사회진화론social darwinism의 현란한 합리성을 기반으로 정식화되었으며, 이는 다시 나치즘의 가장 지속적이면서도 강력한 요소 가운데 하나가 되었다는 사실—제가 이 이야기를 하는 이유는 합리성을 비판하기 위해서가 아니라, 사태가 얼마나 모호한지를 보여주기 위해서입니다—을 잊지 말아야 합니다. 그것은 물론 비합리성이었지만, 결국에는 합리성의 형식을 띤 비합리성이었지요…

우리는 바로 이러한 상황 속에 있으며, 이에 맞서 싸워야만 합니다. 만일 지식인 일반에 어떤 기능이 있다면, 비판적 사유에 어떤 기능이 있다면, 훨씬 더 구체적으로 비판적 사유 안에서 철학에 어떤 기능이 있다면, 그것은 바로 이와 같은 합리성의 나선, 합리성의 회전문을 인정하는 일일 것입니다. 우리를 합리성의 필요성과 불가피성, 그리고 동시에 그 내생적 위험으로 되돌려 보내는 나선, 또는 회전문 말입니다.

래비나우: 종합해보건대, 당신은 하버마스 같은 철학자보다는 역사주의historicism와 역사적 참조의 작용에 대해 두

려움을 덜 느낀다고 말할 수 있을 듯합니다. 한편 건축 분야에서 모더니즘의 수호자들은 포스트모더니즘에 대해 문명의 위기라는 측면에서 문제를 제기했습니다. 만일 우리가 장식과 모티브로의 경박한 회귀를 위해서 근대 건축을 포기한다면, 이는 일정 정도 문명을 포기하는 셈이라고까지 주장하면서 말이지요. 반면 포스트모더니스트들은 역사적 참조 그 자체는 나름대로 의미 있으며, 지나치게 합리화된 세계의 위험으로부터 우리를 보호해줄 것이라고 주장했습니다.

　　푸코: 당신의 질문에 대한 답변이 될지는 모르겠지만, 나는 이 점을 말해두고 싶습니다. 우리는 회귀라고 주장하는 그 모든 것을 전적으로, 또 절대적으로 의심해야 합니다. 그 한 가지 이유는 논리적인 것입니다. 사실 회귀 같은 것은 없습니다. 역사〔그 자체〕, 그리고 역사에 기울여지는 세심한 관심은 확실히 회귀라는 주제에 대한 가장 좋은 방어책 중 하나입니다. 내가 내놓은 광기의 역사라든지 감옥에 대한 연구는 정확히 그런 식으로 이루어졌습니다. 왜냐하면 나는 다음과 같은 점을 아주 잘 알고 있었기 때문입니다. 그러니까 나는 현재에 대한 비판을 가능하게 하는 방식으로 역사 연구를 수행하고 있지만, 그렇다고 해서 사람들이〔내 연구를 가지고〕'18세기 광인들이 ~하던 좋았던 옛 시절로 돌아가자'거나 '감옥이 ~의 주요 수단 중의 하나가 아니었던 시대로 되돌아가자'고 말하는 것은 불가능하다는 점 말입니다. 이는 사실

많은 이들을 약 오르게 만들었지요. 나는 역사가 우리를 그런 종류의 회귀 이데올로기로부터 지켜준다고 생각합니다.

래비나우: 그러니까 둘 사이에서 어느 한편을 선택하는 식으로 이성과 역사를 단순히 대립시키는 일은 어리석은 짓이라는 말인가요…

푸코: 그렇습니다. 요컨대, 하버마스에게 문제는 어떠한 역사주의도 넘어설 수 있는 초월적인 사유 양식을 구축하는 것입니다. 사실 나는 〔하버마스보다는〕 훨씬 더 역사주의자이며 니체주의자입니다. 나는 정확히 회귀 이데올로기에 맞서서 작동하는 역사의 적절한 활용, 혹은 역사 내적 intrahistorical 분석의 적절한 활용—어쨌든 아주 명석한—이 있다고는 생각하지 않습니다. 예를 들어, 유럽 농촌 건축에 대한 훌륭한 연구라면 지푸라기 지붕으로 덮인 작은 개인 주택으로 돌아가려는 바람이 얼마나 헛된 것인지를 보여줄 것입니다. 역사는 현재의 질문을 해결하기 위해 과거를 소환하는 식의 역사주의로부터 우리를 보호해줍니다.

래비나우: 그것은 또 역사가 늘 존재한다는 사실, 과거에 대한 그 어떤 참조도 억압하려고 드는 모더니스트들이 실수를 저지르고 있다는 사실을 우리에게 일깨워줍니다.

푸코: 물론이지요.

래비나우: 당신의 다음 두 책은 그리스인들과 초기 기독교인들의 섹슈얼리티를 다룹니다.[12] 거기서 논의하는 주제들

에도 특별히 건축적인 차원이 있는지요?

푸코: 전혀 그렇지 않습니다. 나로서는 아무것도 발견하지 못했습니다. 하지만 흥미로운 것은 제정 시대 로마에 갈보집, 사창가, 무법 지대 등이 있었으며, 일종의 준-공적인 쾌락의 장소인 공중목욕탕*thermes*이 있었다는 사실입니다. 공중목욕탕은 아주 중요한 만남과 쾌락의 장소였는데, 유럽에서점차 사라져버렸습니다. 중세 때에도 목욕탕은 남자와 여자만이 아니라, 공공연히 이야기되지는 않았지만, 남자와 남자,여자와 여자 사이의 만남의 장소였지요. 하지만 주로 화제에오르고 비난받은 만큼이나 자주 성사되었던 것은 남녀 간의만남이었으며, 이는 16세기와 17세기를 거치면서 사라졌습니다.

래비나우: 아랍 세계에는 공중목욕탕이 아직도 존재합니다.

푸코: 그렇습니다. 하지만 프랑스에서는 대체로 자취를감추었습니다. 그것은 19세기까지는 이어져 내려왔었지요.〈천국의 아이들Les enfants du paradis〉[13]에는 공중목욕탕이 등

---

12   〔옮긴이〕1982년 인터뷰 당시 푸코가 작업 중이었던 『성의
      역사』 연작을 가리킨다. 그 가운데 2권 『쾌락의 활용Les usages du
      plaisir』과 3권 『자기 배려Le souci de soi』가 1984년에 출간되었으며,
      4권 『육욕의 고백Les aveux de la chair』은 2018년에 와서야 미완성
      유고의 형태로 간행되었다. 한국어판은 미셸 푸코, 『육체의 고백』,
      오생근 옮김, 나남, 2019.

장하는데, 영화는 이를 역사적으로 정확하게 다루고 있습니다. 이 영화에는 호색한이자 포주—아무도 그것을 언급하지 않습니다만—인 라스네르라는 인물이 어린 소년들을 이용해 나이 든 남자들을 유혹하고는 협박하는 장면이 나옵니다. 초현실주의자들이 순진하면서도 반反동성애적 성향을 띠었던 탓에 이 사실은 별로 주목받지 않았습니다.[14] 목욕탕은 줄곧 성적인 만남의 장소로서 존속했습니다. 그것은 도시 심장부에 위치한 일종의 쾌락의 성당이었습니다. 사람들은 거기에 자기가 원하는 만큼 자주 갈 수 있었고, 거기서 어슬렁거리고 상대를 선택하고 서로 만나고 쾌락을 탐하고 먹고 마시고 토론했습니다…

래비나우: 그렇다면 섹스는 다른 쾌락과 분리되어 있지 않았던 셈입니다. 그것은 도시 중심부에 뚜렷이 자리 잡고 있었고 공개적이었으며 하나의 목적에 봉사했다고나 할까요…

푸코: 당신 말이 옳습니다. 그리스인들과 로마인들에게 섹슈얼리티는 명백히 사회적 쾌락의 하나로 여겨졌습니다.

13 〔옮긴이〕마르셀 카르네Marcel Carné 감독의 1945년 영화. 국내에는 "인생유전"이라는 제목으로도 알려져 있다.

14 〔옮긴이〕영화 〈천국의 아이들〉의 시나리오를 쓴 시인 자크 프레베르Jacques Prévert는 초현실주의 계열의 시인으로 분류된다. 푸코는 명확하게 동성애적 함의를 가지는 영화의 이 장면이 초현실주의 작가에 대한 사회적 선입견 때문에 별다른 논란의 대상이 되지 않았다고 말하는 듯하다.

오늘날 남성 동성애에서 흥미로운 점—이는 얼마 전부터 여성 동성애자들에게도 마찬가지인 것처럼 보입니다—은 그들의 성적인 관계가 즉각 사회적 관계로 번역되고, 사회적 관계는 성적인 관계로 이해된다는 것입니다. 그리스인들과 로마인들에게 성적인 관계는 또 다른 방식으로 가장 넓은 의미에서 사회적 관계 안에 자리 잡았습니다. 목욕탕은 성적 관계를 포함하는 사회성의 장소였습니다.

우리는 목욕탕과 갈보집을 직접 비교해볼 수 있습니다. 갈보집은 쾌락의 장소, 쾌락의 건축이지요. 알랭 코르뱅Alain Corbin은 『창부』[15]에서 아주 흥미로운 형식의 사회성을 연구했습니다. 도시의 남성들은 갈보집에서 만났습니다. 그들은 같은 여성을 거쳤고 같은 질병과 전염병을 나누었다는 사실에 의해 하나로 묶입니다. 갈보집의 사회성이 있었던 셈이지요. 그러나 고대인들 사이에 존재했던 목욕탕의 사회성—아마도 그것의 새로운 형태가 다시금 존재할 수 있겠지요—은 갈보집의 사회성과는 완전히 다른 것이었습니다.

래비나우: 이제 우리는 훈육적 건축disciplinary architecture에 대해서는 많은 것을 알고 있습니다. 그렇다면 고백의 테크놀로지와 연계된 건축 유형, 즉 고백적 건축confessional architecture에 대해서도 이야기해볼 수 있을 것 같습니다만.

15   A. Corbin, *Les filles de noce*, Paris, Aubier, 1978. 〔알랭 코르뱅, 『창부』, 이종민 옮김, 동문선, 1995.〕

푸코: 종교건축을 말씀하시는 것인가요? 내가 알기로, 그것에 대한 연구는 이미 존재합니다. 수도원의 전체적으로 이방인혐오적인xenophobic 특성과 관련된 문제들이 있지요. 그곳에서는 취침, 식사, 기도, 각 개인의 자리인 독방 등 공동생활과 관련된 아주 세세한 규제가 작동했습니다. 이러한 것들은 아주 일찍부터 프로그램되어 있었습니다.

래비나우: 훈육의 테크놀로지에 대립하는 고백과 권력의 테크놀로지에서도 공간은 중심적인 역할을 담당하는 것처럼 보입니다.

푸코: 그렇습니다. 공간은 모든 형태의 공동체 생활에서 근본적입니다. 공간은 모든 권력 행사에서 근본적입니다. 여담을 하나 하자면, 나는 1966년에 일단의 건축가들로부터 강연 요청을 받아, 공간에 대한 연구를 한 적이 있었습니다.[16] 나는 거기서 당시 내가 '헤테로토피아'라고 부르던 것, 즉 주어진 사회 공간에서 발견되지만 다른 공간들과는 그 기능이 상이하거나 심지어 정반대인 독특한 공간들을 다루었습니다. 건축가들은 내가 발표한 내용을 두고 토론을 벌였는데 마무리 즈음 누군가—사르트르주의 심리학자—가 발언권을 얻고서는 **역사**와 **생성**becoming은 혁명적인 반면, 공간은 반동

16   이는 1967년 3월 14일 파리 건축연구회의 회의를 가리킨다.
        발표문인 「다른 공간들」은 다음 저널에 출간되었다. *Architecture, Mouvement, Contitnuité*, n. 5, octobre 1984, pp. 46~49.

적이며 자본주의적이라고 나를 맹렬히 공격했지요. 그 당시
에는 이런 어처구니없는 담론이 전혀 이상하게 여겨지지 않
았습니다. 오늘날에는 이런 말을 들으면 누구든 포복절도할
테지만, 그때는 아니었지요.

래비나우: 특히 건축가들은 병원이나 학교 같은 기관의
건물을 훈육 기능이라는 관점에서 분석하고자 할 때, 주로 벽
에 초점을 맞추는 경향이 있습니다. 그것은 결국 그들이 설계
한 것입니다. 아마 당신은 건축보다는 공간에 더 관심을 기울
이는 방식으로 접근할 것 같습니다. 물리적인 벽은 기관의 단
지 한 측면에 지나지 않는다는 관점에서 말이지요. 이 두 가
지 접근의 차이, 건물 그 자체와 공간 사이의 차이를 당신이
라면 어떻게 특징짓겠습니까?

푸코: 방법과 접근에서 차이가 있는 것 같습니다. 난 건
축에 대해 아주 막연한 분석밖에 수행할 수 없었습니다. 사실
나는 분석에서 건축을 하나의 보조 요인element of support으로
만 취했습니다. 말하자면, 건축은 사람들을 공간 안에 일정하
게 할당하고 그들의 이동에 특정한 경로를 부여canalization하
며 사람들 간 상호 관계를 코드화하도록 보장한다는 것이지
요. 이때, 건축은 공간 속의 한 요소일 뿐만 아니라, 사회 관계
의 장 안에 개입해 일군의 특수한 효과를 낳는 요소로 간주되
었습니다.

예를 들면, 나는 중세의 고고학에 대해 흥미로운 연구를

수행하고 있는 역사가를 한 명 알고 있는데, 그는 굴뚝에 대한 질문으로부터 중세 가옥의 구조와 건축이라는 문제에 접근합니다. 그는 어느 특정 시기에 집 내부에 굴뚝—단순히 천장 없는 방이나 건물 외부에 달린 굴뚝이 아니라 벽난로와 연결된 굴뚝—을 설치하는 일이 가능해졌는데, 바로 그때부터 온갖 상황이 바뀌었음을, 그리고 개인들 간에 어떤 특정한 관계가 가능해졌음을 보여줍니다. 이 모든 것은 내게 아주 흥미진진하게 다가오는데, 그가 한 논문에서 제시한 결론은 사유의 역사가 쓸모없다는 것이었습니다. 진정으로 흥미로운 것은 두 가지[즉 기술의 역사와 사유의 역사]가 엄밀하게는 서로 분리될 수 없다는 점입니다. 사람들은 왜 굴뚝을 집 안에 놓는 방법을 발견하려 애썼는가? 아니면 왜 그들은 기술을 그러한 용도로 쓰게 되었는가? 기술의 역사에서는 어떤 기술이 실용화되는 데 수년 혹은 심지어 수 세기가 걸리기도 합니다. 이 기술이 새로운 인간 관계의 형성에 영향을 미쳤다는 것은 분명하면서도 아주 중요한 사실입니다. 하지만 동시에 인간관계의 전략과 게임에 그러한 방향으로 향하는 흐름 같은 것이 없었더라면, 그 기술이 그런 목적에 맞게 발전하고 적응할 것이라고 상상하는 일조차 불가능했을 것입니다. 언제나 중요한 것은 상호 연계성interconnection이지, 한 요인의 다른 요인에 대한 우월성primacy이 아닙니다. 우월성은 결코 아무런 의미도 가지지 않습니다.

래비나우: 『말과 사물 *Les mots et les choses*』에서 당신은 사유 구조를 기술하기 위해 공간적 은유들을 아주 인상적으로 이용했습니다. 당신은 왜 이 지시대상들을 환기시키는 데 공간적 이미지가 적합할 것이라고 생각했습니까? 분과학문을 기술하는 이 공간적 은유들과 제도적 공간에 대한 좀더 세밀한 묘사 사이에는 어떤 관계가 있는지요?

푸코: 내가 공간의 문제에 관심을 가지고 있기에, 『말과 사물』에서 몇몇 공간적 은유를 사용했을 수 있습니다. 하지만 대체로 내 목표는 그러한 은유를 주창하는 것이 아니라, 대상으로서 연구하는 것이었습니다. 17세기에 이루어진 인식론적 변화와 전환 과정에서 지식의 공간화가 어떻게 그 지식을 과학으로 정련해낸 요인들 가운데 하나가 되었는지 보면 정말 놀랍습니다. 자연사와 린네 Carl von Linné의 분류법이 가능했던 데에는 몇 가지 이유가 있습니다. 한편으로는, 말 그대로 분석 대상 자체의 공간화가 있었지요. 사람들은 눈으로 볼 수 있는 것만을 바탕으로 식물을 분류하고 연구하는 것을 분석의 규칙으로 삼았습니다. 그들은 심지어 현미경조차 의지하려 들지 않았습니다. 식물의 의학적 기능 같은 전통적인 지식 요소들도 내팽개쳐졌지요. 대상은 공간화되었습니다. 뒤이어 그것은 식물의 구조 속에서 분류 원리들—구성 기관의 수, 그 배열과 크기, 그리고 식물의 높이 같은 몇몇 다른 요인—이 발견되는 한에서만 공간화되었습니다. 다음으

로 책 속에 포함된 삽화를 수단으로 한 공간화가 이루어졌지요. 그것은 특수한 인쇄기술 덕분에 가능해졌습니다. 더 나중에는 식물의 생식 자체를 공간화하게 됩니다. 이는 책 안에 재현되었지요. 이 모든 것은 은유가 아니라, 공간기술들spatial techniques의 문제인 셈입니다.

래비나우: 건물의 실제 도면—그것을 따라 실제 벽과 창을 구현하게 될 정확한 그림—은 예를 들어 위계적인 피라미드와 같은 담론 형식을 구성할까요? 공간 안에서만이 아닌, 사회생활에서의 인간 관계를 상당히 엄밀하게 그려내는 그러한 피라미드 말입니다.

푸코: 건축 방식이 어느 정도 집요하게 사회적 위계질서를 재생산하는, 단순하면서도 다소 예외적인 몇 가지 사례가 존재합니다. 군대 막사의 모델에서는 각각의 계급을 위한 건물과 텐트가 놓인 자리를 통해 군사적 위계질서를 현장에서 그대로 읽을 수 있지요. 군대 막사는 건축을 통해서 권력의 피라미드를 그대로 재생산합니다. 하지만 그것은, 군사적인 것이 모두 그렇듯이, 극단적으로 단순하고 사회 속에서 특권화된 하나의 예외적인 보기입니다.

래비나우: 하지만 도면이 그 자체로 항상 권력 관계를 기술하지는 않습니다.

푸코: 그렇습니다. 실제 일이 작동하는 방식은 그것보다는 조금 더 복잡하지요. 인간의 상상력을 생각할 때는 다행스

럽게도 말입니다.

래비나우: 물론 건축이 불변의 것은 아닙니다. 그것은 오랜 전통 속에서 다양한 관심사, 체계의 변화, 상이한 규칙들을 겪어왔습니다. 건축이라는 지식savoir은 부분적으로는 전문직profession의 역사이고, 일부는 건설과학의 진화이며, 또 일부는 미학 이론의 다시쓰기입니다. 당신은 이러한 지식 형태에 특유한 것이 과연 무엇이라고 보십니까? 그것은 자연과학과 더 유사합니까, 아니면 당신이 '의심스러운 과학dubious science'이라고 불렀던 것에 더 가깝습니까?

푸코: 확실한 과학과 의심스러운 과학 사이의 구분에 내가 정말 아무런 흥미도 없다고 말할 수는 없습니다. 그런 식의 대답은 질문을 회피하는 일이 될 것입니다. 하지만 이 말만은 해야겠습니다. 내 관심을 더 많이 끄는 것은 그리스인들이 테크네techné라고 일컬었던 것, 즉 의식적인 목표에 의해 지배되는 실천적 합리성을 연구하는 것입니다. 나는 심지어 통치가 엄밀과학exact science의 대상이 될 수 있는지 끊임없이 질문하는 일이 과연 가치 있는가에 대해서도 별로 확신이 없습니다. 반면 만일 건축이, 통치의 실천이나 다른 형태의 사회조직의 실천처럼, 물리학이라든가 통계학 등등과 같은 과학의 요소들을 이용할 수 있는 하나의 테크네로 여겨진다면, 그것이야말로 흥미로운 일이 아닐 수 없습니다. 우리가 건축의 역사를 쓰고자 한다면, 그것을 엄밀과학이든 아니든 과학

사의 맥락에서 구상하기보다는 **테크네**의 일반사라는 맥락에서 구상하는 편이 더 나을 것입니다. **테크네**라는 단어의 약점은, 나도 인식하고 있는 바이지만, 아주 특수한 의미를 지니는 '테크놀로지'라는 단어와의 관계에 있습니다. '테크놀로지'에는 협소한 의미가 주어집니다. 사람들은 경성hard 테크놀로지라든지 나무, 불, 전기의 테크놀로지를 떠올리지요. 그렇지만 통치 또한 테크놀로지의 함수입니다. 개인의 통치, 영혼의 통치, 자기에 의한 자기의 통치, 가족의 통치, 어린이의 통치 등등. 나는 누군가 건축의 역사를, 넓은 의미에서 이러한 **테크네**의 일반사 안에 자리매긴다면, 엄밀과학과 엄밀하지 않은 과학 간의 대립보다 훨씬 더 흥미로운 길잡이 개념을 가지게 될 것으로 믿습니다.

「헤테로토피아」

—

베니스, 베를린, 로스앤젤레스 사이 어떤 개념의 행로

다니엘 드페르

다니엘 드페르Daniel Defert(1937~2023)는 1963년 이래 이십여 년간 푸코의 연인이자 삶의 동반자였다. 사회학자인 그는 파리8대학에서 오랫동안 가르쳤으며, 푸코가 에이즈로 사망한 직후인 1984년 12월 프랑스 최초의 에이즈 관련 시민단체인 AIDES를 창설해 초대 회장을 맡기도 했다. 그는 공공보건에 관한 연구를 활발히 진행했으며, 푸코의 사상을 소개하고 정리하는 작업 또한 지속적으로 수행했다. 드페르는 푸코의 조교였던 프랑수아 에발드François Ewald와 더불어 푸코의 텍스트 모음 『말과 글 1954~1988Dits et écrits 1954-1988』을 편집했으며, 콜레주드프랑스 강의록의 편찬에도 참여한 바 있다.

1967년 3월 14일, 파리 건축연구회Cercle d'études architecturales de Paris는 공간에 관한 회의에 미셸 푸코를 강연자로 초빙했다. 거기서 푸코는 '헤테로토폴로지hétérotopologie'라고 이름 붙인, 공간에 대한 새로운 분석 틀을 제시했다. 이 강연 원고는 1968년 이탈리아 잡지 『라르키테투라』에 프랑스어 발췌본이 실린 것 말고는, 타자본 형태로 연구회 회원들 사이에서만 제한적으로 유통되었다.[1] 원고의 본격적인 출판은 1984년 가을 베를린에서 이루어졌는데, 마르틴 그로피우스 바우 미술관에서 열린 〈아이디어, 과정, 결과〉라는 전시의 일환이었다.[2]

이 전시는 국제건축전람회IBA, International Bauausstellung가 일반 공중 앞에 베를린 재건과 쇄신 활동의 결산을 제시한 열일곱 개 행사 가운데 중심 행사였다. 그것은 이 수도-도시의 통일을 상상했으며, 이는 1967년 푸코의 텍스트에서 이야기된 '다른 공간들espaces autres'을 묘하게 예증하는 듯 보였다.

1   M. Foucault, "Des espaces autres," *L'archittetura, cronache e storia,* XIII, n. 150, 1968, pp. 822~823.

2   M. Foucault, "Des espaces autres," *AMCS, Revue d'architecture,* octobre 1984, pp. 46~49. 이 1984년 판본은 우리가 이 책[드페르의 해제가 실린 『유토피아적인 몸/헤테로토피아*Le corps utopique/Les hétérotopies*』를 가리킨다]에 실은 판본과는 상당히 다르다. 이것은 다음의 책에 편집되어 있다. M. Foucault, *Dits et écrits 1954-1988,* IV, n. 360, Paris, Gallimard, 1994. [옮긴이] 1984년 판본이란 「다른 공간들」이란 제목으로 본서에 포함된 텍스트를 가리킨다.

푸코는 1984년 6월 25일 갑자기 닥친 죽음 바로 얼마 전 이 텍스트의 공식 출간을 허락하면서, 마지막 순간에 그것을 자신이 공식 승인한 저작 전집 안에 집어넣었다.

그 이후 푸코의 이 텍스트는 엄청나게 많은 번역과 논평의 대상이 되었다. "어떻게 그것이 이십 년 동안 탐구되지 않은 채로 남아 있을 수 있었는가? 어떻게 우리는 공간과 공간성이 새롭게 획득한 중요성을 이해하지 못했는가?"라고 "헤테로토폴로지"를 열성적으로 주창하는 캘리포니아의 연구자 에드워드 소자Edward Soja는 자문한다.[3] 그런데 1967년과 1984년이라는 이 두 시점의 간극, 비수용non-réception의 역사로서 이 침묵의 역사를 어떻게 해석할 수 있을까?[4] 수용과 비수용 개념은 이십 년간 건축가와 도시공학자 들의 미학적, 인식론적, 정치적 담론이 겪은 일련의 변화라든지, 푸코 저작에서 공간의 문제설정이 거쳐온 일련의 변화를 식별해내기에 충분히 섬세한 분석 틀을 제공하는 것일까?

3   Ed. Soja, "Heterotopies—Remembrance of other spaces in the citadel LA," *Strategies, a journal of theory, culture and politics*, 3, 1990, pp. 1~39. 이 논문은 다음의 책으로 발전되었다. Ed. Soja, *Thirdspace, journey to Los Angeles and other real imagined places*, Cambridge(Mass.), Blackwell, 1996.

4   P. Bourdieu, "Qu'est-ce que faire parler un auteur? À propos de Michel Foucault," *Sociétés et représentations*, n. spécial 'Surveiller et punir vingt ans après,' n. 3, nov. 1996, pp. 13~18.

언어와 공간

"우리를 그렇게나 낄낄대게 만들었던 전보를 당신도 기억하는지요? 어떤 건축가가 〔내 논의 덕분에〕 새로운 개념의 도시공학urbanisme을 알게 되었다고 썼던 것 말입니다. 그런데 그건 책에 실린 글이 아니라 유토피아에 관한 라디오 강연의 내용에 대해 하는 말이었지요. 그들이 내게 3월 13일이나 14일에 그걸 다시 좀 해달라고 부탁해왔습니다."

시디부사이드[5]에서 씌어진 1967년 3월 2일자 편지는 푸코와 건축가들의 만남에 대한 가장 오래된 증언이다. 1966년 12월 7일, 유토피아를 주제로 한 이른바 '프랑스 문화Culture française'라는 라디오 강연 시리즈에 초청받은 푸코는 '유토피아와 문학'에 관해 말했다.[6] 그는 어린아이들의 놀이를 매혹하는 지붕 밑 다락방, 정원 깊숙한 구석, 인디언 텐트, 부모의 침대와 같은 공간들, 이 "위치지어진 진짜 유토피아들"을 바슐라르 식으로 일깨운 뒤, "우리가 살고 있는 공간들에 대한 이의제기인 이 다른 공간들"을 대상으로 삼는 과학을 꿈꾸었다. 그는 "유토피아가 아닌 헤테로토피아의 과학, 절대적으

---

5   〔옮긴이〕 튀니지 북부의 휴양지 마을.

6   M. Foucault, *Utopies et hétérotopies*, archives sonores du 7 et 21 décembre 1966, Centre Michel Foucault, Bibliothèque de l'IMEC-Caen, rééditée par l'INA en 2004 en disque.

로 다른 공간들의 과학. 이러한 과학 또는 헤테로토폴로지가 태어나고 있으며, 이미 존재한다"면서 그날 그 원리들을 이야기했다.

푸코의 방송 출연—거기서 그는 자신이 굉장한 이야기꾼임을 드러냈다—은 1966년 봄 이후 『말과 사물』의 출간이 불러일으킨 엄청난 호기심에 대한 응답이었다.[7] 그 책은 보르헤스가 창안한, 있을 법하지 않은 중국 백과사전에 대한 묘사로부터 시작한다. 그 사전에서 동물들은 다음과 같은 열네 개 등급으로 분류되어 있다. a) 황제에게 속한 것 b) 향기로운 것 c) 길들여진 것 [⋯] k) 아주 가느다란 낙타털 붓으로 그려진 것 l) 기타 m) 방금 단지를 깬 것 [⋯]. 이 "가능한 질서의 수많은 조각들을 반짝거리게 만드는 무질서," 푸코는 그것을 "헤테로토피아"라고 명명했다. 이 용어는, 우리가 흔히 믿듯 좋은 장소bon lieu, 즉 유-토피아eu-topie가 아니라 어원적으로 없는-장소non-lieu를 뜻하는 유토피아utopie와 대립되는 것이었다. 그런데 만일 유토피아가 존재하지 않는 장소를 이야기한다면, 그것은 상상적인 공간 속에서 펼쳐질 테고, "그로써 담론이 지닌 결의 방향 안에 있게 된다." 애초부터 언어는 공간과 얽혀 있기에 그렇다. 반면 보르헤스의 목록은 말을 그 자체에 멈춰 있게 만든다. 왜냐하면 "헤테로토피아는 문장을

<hr>

7 M. Foucault, *Les mots et les choses*, Paris, Gallimard, 1966. 〔미셸 푸코, 『말과 사물』, 이규현 옮김, 민음사, 2012.〕

구성하는 통사법syntaxe뿐만 아니라 말과 사물을 함께 붙어
있게 하는 덜 명백한 통사법까지도 무너뜨리기"[8] 때문이다.

8   같은 책, p. 9. 〔옮긴이〕 푸코에게서 헤테로토피아라는 용어가 처음
    나타나는 이 대목을 좀더 길게 인용해보아도 좋을 것이다. "나는
    보르헤스의 텍스트를 읽고서 오랫동안 웃었지만, 떨쳐버리기
    어려운 불편함을 느낀 것도 사실이다. 아마 **엉뚱함**이나 서로
    어울리지 않는 것들의 근접보다 더 심한 무질서가 있다는 의심이
    웃음의 여운 속에서 생겨났기 때문일 것인데, 그것은 많은 수의
    가능한 질서를 법칙도 기하학도 없는 **기묘한 것**들의 차원에서
    단편적으로 반짝거리게 할 무질서일 것이고, 따라서 이 낱말을
    어원에 가장 가까운 의미로 이해할 필요가 있다. 즉 거기에서는
    사물들이 몹시 상이한 자리에 '머물러' 있고 '놓여' 있고 '배치되어'
    있어서, 사물들을 위한 수용 공간을 찾아내거나 이런저런 자리들
    아래에서 **공통의 장소**를 규명하는 것이 불가능하다. 유토피아는
    위안을 준다. 왜냐하면 유토피아는 실재하는 장소를 갖지 못한다
    해도, 고르고 경이로운 공간에서 펼쳐지며, 비록 공상을 통해
    접근할 수 있을 뿐이지만, 넓은 도로가 뚫려 있는 도시, 잘 가꾼
    정원, 살기 좋은 나라를 보여주기 때문이다. **헤테로토피아**는 불안을
    야기하는데, 이는 아마 헤테로토피아가 언어를 은밀히 전복하고,
    이것과 저것에 이름 붙이기를 방해하고, 보통명사들을 무효가
    되게 하거나 뒤얽히게 하고, '통사법'을, 그것도 문장을 구성하는
    통사법뿐만 아니라 말과 사물을 (서로 나란히 마주 보는 상태로)
    '함께 붙어 있게' 하는 덜 명백한 통사법까지 사전에 무너뜨리기
    때문일 것이다. 그래서 유토피아는 이야기와 담론을 가능하게
    하는 반면에, 즉 유토피아는 언어와 직결되고 기본적으로
    파불라_fabula_의 차원에 속하는 반면에, 헤테로토피아는
    (보르헤스에게서 그토록 빈번하게 발견되듯) 화제를 메마르게
    하고 말문을 막고 문법의 가능성을 그 뿌리에서부터 와해하고
    신화를 해체하고 문장의 서정성을 아예 없애버린다." 미셸 푸코,
    『말과 사물』, pp. 11~12.

이것을 사유하는 우리의 사유가 자리한 불가능성, 보르헤스 분류의 급진적인 이종성hétéroclité은 사유의 한계를 증언한다. 우리는 이 한계를 우리에게 근본적으로 낯선 문화에 고유한 분류 앞에서 경험한다. 빅터 터너Victor Turner는 잠비아의 응뎀부Ndembu 족이 어떻게 사냥꾼과 과부, 병자, 전사 들을 같은 범주 안에 모아놓는지 기술한 바 있다.[9] 이것은 공동 영역으로 인식된 소속 공간에 따른 것이 아니며, 우리가 자연계를 분류하는 식의 형식적 속성에 의해 규정되는 부문들로 인식된 소속 공간에 따른 것도 아니다. 이종성의 공간에서 우리 사전들이 정렬하듯이, 알파벳 순서의 자의적인 선형성에 따른 것도 아니다. 그것은 상징적 속성들 간의 유비, 유사성의 체계를 기술한다. 이 체계, 혹은 '유사성의 공간'을 이해하려면 백지 한 장 위에다 그 상징적 속성들 사이의 상호연계성을 그려야 할 것이다. 우리는 '질서의 공간'의 도움 없이는, 우리의 지각, 담론, 지식 아래 있는 이 "중간 지대zone médiane" 없이는 사유할 수 없다. 그런데 푸코가 고고학적archéologique이라고 규정한 바 있는 바로 그 중간 지대에서 가시적인 것le visible과 언표가능한 것l'énonçable, 즉 언어, 시선, 공간이 접합되는 것이다.

푸코는 1966년 12월 7일 라디오에서 헤테로토피아 개념

9   〔옮긴이〕 이와 관련해 다음의 책을 참조할 수 있다. 빅터 터너, 『의례의 과정』, 박근원 옮김, 한국심리치료연구소, 2005.

의 또 다른 용법을 제시했다. 우선 그것은 더 이상 담론 분석이 아닌 공간 분석에 속한다. 거울, 묘지, 사창가, 혹은 제르바섬에 있는 폴리네시아 휴양촌과 같이 이종적인 장소가 특수한 시간-공간들의 범주에 들어간다. 이때 그 시간은 신혼여행 공간에서의 단 한 번뿐인 처녀성 상실의 시간처럼 일시적인 것일 수도 있고, 반대로 도서관이나 박물관 같은 장소에서처럼 숱한 시간성들이 누적된—즉 영원한—것일 수도 있다.

이 시공의 통합체들unités spatio-temporelles, 시간-공간들은 거울이나 묘지처럼 내가 있으면서 또 없는 장소가 된다는 공통점을 지닌다. 혹은 사창가나 휴양촌이나 일상적 존재를 카니발화하는 축제에서처럼, 그 장소들에서 나는 타자이다. 이 통합체들은 간극, 문턱, 편차를 의례화하고 국지화한다.

모든 인간 규범을 보편화할 수는 없다. 작업장에서의 규율 규범과 축제에서의 변신 규범은 동일한 공간이나 동일한 시간의 선형성 속에서 전개되지 않는다. 단절, 문턱, 위기의 강력한 의례화가 있어야만 한다. 그런데 이 반공간들contre-espaces은 그것들이 이의를 제기하는 모든 다른 공간에 침투하고 또 그것에 의해 침투당한다. 내가 없는 거울은 내가 있는 맥락을 반사하고, 묘지는 도시처럼 계획적으로 조직된다. 어떤 공간과 다른 공간 사이에는 반향이 있으며, 불연속성과 단절 역시 있다. 결국 이 시공 의례들에는 적어도 어떤 보편성이 있다. 그것이 동일한 형식의 보편화는 아닐지언정, 영원한 회귀인 것처럼 말이다. 그 의례들은 특수한 공시성과 통시성 속에 사로잡혀 있는데, 이 공시성과 통시성이 그것들을 건축 체계 내에서 하나의 의미작용 체계un système signifiant 로 만든다. 그것들은 사회 구조나 생산양식을 반영하지 않는다. 그것들은 사회역사적 체계가 아니고 이데올로기도 아니며 일상적 삶과의 단절, 상상들imaginaires, 삶과 죽음과 사랑과 에로스와 타나토스의 다성적인 표상들représentations polyphoniques이다.

1967년 3월 2일자 편지에서 푸코는 일종의 분통을 드러낸다. 시선의 고고학자는 건축가의 시선을 끌지 않았다. 도시공학에 대한 새로운 개념화의 맹아를 품고 있었던 것은 책(『말과 사물』)이 아니었다. 철학자 푸코가 사유에 어떤 단절을 일으키길 기대했던 그 책 말이다. 그런데 그 단절은 충분히 떠들썩했고 어쨌든 1968년의 굉음에까지 이르렀다. 그리하여 푸코는 영광 못지않은 논란의 소용돌이를 피해 카르타주 해안 위쪽의 햇살 가득하고 평온한 시디부사이드 마을로 글쓰기의 평화—언제나 얻기 어려운—를 위해 떠났다. 헤테로토피아의 체험. 때마침 건축가의 귀에 들렸던 것은 이 부수적인 언어, 푸코가 탐닉했던 문학적 게임들 가운데 하나였던 것이다. 푸코는 그 게임들에서 느끼는 희열을 금욕적인 글쓰기로 끊임없이 억눌렀는데, 건축가들을 위해 다시 쓰인 교육적 강연문 속에서도 억제된 희열이 읽힌다. 한데 그러한 문학

적 게임들이 마침내 그 탄생의 보금자리인 목소리의 전체성
을 존중받으면서 여기 다시 옮겨 실린 것이다.

유토피아와 헤테로토피아

1960년에서 1970년 사이에 건축연구회는 장 뒤뷔송Jean
Dubuisson과 이오넬 샤인Ionel Schein이 주도했다. 회장인 뒤
뷔송은 '불로뉴 숲의 민속예술과 전통 박물관Musée des Arts et
Traditions populaires du bois de Boulogne'의 건축가였다. 샤인은 라
스파이 대로 38번지에 초청할 강연자들을 섭외했다. 연구회
는 조합주의적 성격이 조금도 없는, 아주 드문 건축가들의 공
부 모임 가운데 하나였다. 거기서 이오넬 샤인은 1950년대
와 60년대 '건축에서의 급진주의'와 사유의 선동가라는 화려
한 명성을 누리고 있었다.[10] 장 뒤뷔송에 따르면, 샤인이 푸
코를 초청했다. 강연은 속기로 기록되었다가 타자기로 옮
겨졌으며, 연구회 구성원들에게 배포되었다. 그 사본 한 부
를 피에르 리불레Pierre Riboulet—여러 건축물 가운데 특히
'로베르 드브레 병원'으로 유명한 건축가—가 간직하고 있
었다. 그는 푸코가 논의에 들어가면서 철학자인 자신은 건

---

10   건축연구회에 관한 모든 정보는 피에르 리불레가 내게 알려준
      것이다.

축가의 관심사에 무지하다고 주장하며 미리 경고의 말을 남겼던 사실을 기억한다. 푸코 논의의 참조점들은 과학사(쿠아레Alexandre Koyré, 바슐라르), 문학비평(리샤르Jean-Pierre Richard, 블랑쇼Maurice Blanchot), 실존적 정신분석(빈스방거 Ludwig Binswanger)에서 빌려온 것이었다. 이 모든 주제와 관련해 푸코는 이미 자신의 '공간 강박증obsessions de l'espace'[11]을 펼쳐놓은 바 있었다.

1950년대부터 프랑스 재건의 사상가들 중 한 명이었던 로베르 오젤Robert Auzelle은 이 강연이 끝난 후 자신의 열광을 표하기 위해 푸코에게 묘지와 장례 건축[12]에 관련된 이야기를 보냈다. 그와 같은 건축물은 푸코의 헤테로토피아 가운데 하나였다. 『임상의학의 탄생』에서 푸코는 해부병리학이 어떻게 죽음을 삶에 대한 지식 안에 통합했는지를 기술한 바 있다.[13] 그러한 푸코에게 묘지가 도시계획 속으로 들어간 역사를 제공했다는 사실은 강연자와 청중 사이에 완전한 공모가 이루어졌다는 증명이나 다름없었다. 부정성négativité이야말

---

11   이는 다음 글에서 푸코가 쓴 표현이다. "Questions à Michel Foucault sur la géographie," *Hérodote*, n. 1, 1976, pp. 71~85; repris in *Dits et écrits*, III, n. 169, p. 33. 〔미셸 푸코, 「지리학에 관해 푸코에게 보내는 질문」, p. 123.〕

12   R. Auzelle, *Dernières demeures*, Paris, chez l'auteur, 13, place du Panthéon, 1965.

13   M. Foucault, *Naissance de la clinique*, Paris, PUF, 1963. 〔미셸 푸코, 『임상의학의 탄생』, 홍성민 옮김, 이매진, 2006.〕

로 합리성의 핵심에 있다는 것이다. 이 주장은 어쨌든 『감시와 처벌』까지는 푸코 분석의 한가운데 있었다.[14]

같은 해인 1967년 말, 장-뤽 고다르Jean-Luc Godard는 영화 〈중국인 여인La Chinoise〉에서 안 비아젬스키Anne Wiazemski가 연기한 친중 성향의 여대생 주인공으로 하여금 『말과 사물』에 토마토를 던지게 했다. 당시에 『말과 사물』은 시간 속에서 사유가 갖는 급작스런 불연속성들을 드러냄으로써 역사에 대한 부정, 따라서 혁명에 대한 부정을 상징하는 책이었던 것이다.

1967년의 강연은 연구회 회원들 사이에서 돌아다녔던 타자본이 아닌 다른 식으로 유통될 수 있었을까? 연구회는 자체적으로 발간하는 잡지를 갖고 있지 않았고, 따라서 강연회 원고들 가운데 어떤 것도 출판하지 않았다. 더욱이 당시 건축가들이 공유하고 있던 관념은 르코르뷔지에와 바우하우스에, 또 도시 공간의 '가독성lisibilité'과 형태들의 합리화에 많은 것을 빚지고 있었다. 이때 도시 공간은 장소나 건물이라는 '지표들repères'로 점철된 텍스트로서 개념화되었다. 1970년대 푸코와 자주 어울렸던 프랑수아즈 샤이Françoise Choay는

---

14   M. Foucault, *Surveiller et punir*, Paris, Gallimard, 1975. 〔미셸 푸코, 『감시와 처벌』, 오생근 옮김, 나남, 2003.〕 이 저작은 벤담의 판옵티콘을 "인간 정신의 역사에서 하나의 사건"으로 소개하면서, 억압이 아닌 생산의 측면에서 권력의 분석을 제안한다.

『도시공학, 유토피아, 현실』에서 이러한 문제설정을 다시 추적한다.[15] 아테네 헌장charte d'Athènes[16]과 합리성의 증진을 토대로 삼았던 인간 중심의 진보주의 도시공학이라든지, 혹은 과거 도시들의 조화로움을 향수 어린 시선으로 바라보면서 각 형태를 상징으로 여기는 문화주의적 도시공학과 같은 것들이 '도시공학적 이성의 규제이념'이었다. 한데 이 규제이념은 이미 유토피아 공간의 윤곽을 희미하게 재단해놓지 않았던가? 1968년 이후 건축학과 도시 담론이 자본주의적 사회관계의 중심에 있는 '도시ville'라는 대상의 해체 속에서 펼쳐질 공간 말이다. 형식적 혹은 합리적 총체성으로서 도시는 자본주의에 의해 분해되지 않았는가? 자본은 자신의 메타서사를 지난 약 이백 년 동안 공간이라는 거대한 백지 위에 써오지 않았던가? 바로 거기 계급, 성, 세대 사이를 갈라놓은 온갖 분할과 관련해 말해지지 않은 것le non-dit, 일반적으로 사유되지 않은 것l'impensé général이 있지 않은가?

1970년대 프랑스의 도시공학과 건축학 담론은 유토피아의 공간 안에서 전개되었다. 다양한 건축 유파들écoles이 이런저런 기업주도 단지들cités patronales의 방문에 열성을 보였

---

15   F. Choay, *Urbanisme, utopies et réalités*, Paris, Seuil, 1965.

16   〔옮긴이〕 1933년 그리스 아테네에서 열린 근대건축국제회의가
        제출한 도시계획헌장으로, 도시의 4대 기능을 주거, 여가, 노동,
        교통으로 설정하고 기능적인 도시의 이상적인 상태를 구상했다.

던 사실이 이를 증명한다. 고댕이 건설한 기즈의 파밀리스테르라든지 누아젤의 므니에Menier 마을과 같이 현실화된 유토피아들 말이다. 이러한 단지들의 주창자들은 대량 소비를 창안한 초창기 인물이 아니었을까? 한편으로는 옛날부터 내려온 값비싼 벽난로를 가정용 스토브로 소형화하고, 다른 한편으로는 나폴레옹 군대의 의약품이었던 카카오를 산업적 간식거리인 초콜릿으로 소형화하면서 말이다.[17] 그들은 소비의 합리화와 공간 점유의 합리화를 가장 딱 들어맞게 접합시킨 것이 아니었을까? 도시 공간의 파편화나 기업주도 단지의 합리화, 이질적인 것이나 동질적인 것은 모두 동일한, 오류 가능성 없는 해독의 틀로 되돌려졌다. 자본의 공간화가 바로 그것이다. 건축가는 자본의 전략과 규범을 작동시키는 수동적인 기술자가 되었다.

그렇다면 헤테로토피아에 대한 우아한 형식적 기술, 이 부차적인 문헌은 유토피아의 결 안에서 펼쳐지는 지배 담론에 고랑을 낼 수 있었을까?

"도시공학 이전의 유토피아, 노동자 단지, 오스만Georges Eugène Haussmann, 바우하우스, 기능주의, 셰이커교도, 대규모 단지, 신도시에 관해 구별 없이 말하는 편이 유용한 것으로

17   〔옮긴이〕 파밀리스테르는 스토브와 오븐을 제조하는 주철 공장을 중심으로 세워진 노동 및 주거 단지였으며, 므니에 마을은 초콜릿 공장을 기반으로 세워진 단지였다.

확인되었다. 여기저기서 자본의 보편적 확장에 내재된 공간의 합리화, 그 교환질서, 아니 그저 질서의 추세가 위험스럽게도 명확해지고 있다." 우리는 『트라베르스』지에서 이런 대목을 읽을 수 있었다.[18]

집합시설의 계보학

1972년부터 푸코는 집합시설équipements collectifs의 역사에 관한 공동 연구를 시도하게 된다. 무엇보다도 이 연구는 정신의학자 펠릭스 가타리Felix Guattari가 주도한 제도교육 및 연구센터Centre d'études, de recherches et de formation institutionnelle, 즉 CERFI와 더불어 진행한 것이었다. 가타리는 당시 질 들뢰즈Gilles Deleuze와 함께 『앙티-오이디푸스』의 집필을 끝낸 상태였다.[19] CERFI는 1965년 프랑스 공산당PCF에 반기를 든 사회과학 연구자들이 함께 만든 모임이었다. 그들은 1970년 이후 자체적인 마르크스주의 문화에 문제의식을 가지고, 그 문화를 두 가지 실험에 부쳤다. 첫째, 『광기의 역사』『임상의학

---

18   B. Eizykman, "Urbanisme," *Traverse*, n. 4, 1976. 다음의 글에서
      재인용. A. Thalamy, *Politiques de l'habitat*, Corda, 1977, p. 14.

19   G. Deleuze, F. Guattari, *L'anti-œdipe*, Paris, Minuit, 1972. 〔질
      들뢰즈·펠릭스 가타리, 『앙띠 오이디푸스』, 최명관 옮김, 민음사,
      1994.〕

의 탄생』에서 쓰인 계보학적 접근을 시도했다. 둘째, 모든 연구자가 자기 연구대상과 맺는 리비도적 관계(누구도 자본주의적 합리성에 대한 도시공학적 성찰의 양가감정으로부터 빠져나갈 수 없다) 및 사회적으로 성별화되고 위계화된 집단으로서 연구자들이 서로 맺게 되는 리비도적 관계에 대한 해명을 시도했다.

그들 잡지에 실린 이 이중적 실험의 이야기는 아마도 이 연대年代를 이데올로기적으로 통과하면서 씌어진 가장 흥미로운 횡단일지 가운데 하나일 것이다.[20] 우리는 마치 실험실에서처럼 거기서 마르크스주의 분석의 객토客土, 그리고 머지않아 "탈근대적postmoderne 태도"라고 명명될 것의 출현을 보게 된다. 이 이야기를 쓴 저자들은 그 기획을 "계보학자 푸코에게서 빌려오고, 머리 둘 달린 학자 들뢰즈-가타리의 작업대 위에서 슬쩍 가져온 부품과 조각 들로 이루어진 기이한 기계"라고 기술한다.

"계보학자 푸코"는 사실 철학자〔푸코〕의 새로운 사회적 이미지였다. 솔직히 계보학적 접근은 푸코가 1970년 12월부터 콜레주드프랑스에서 강의를 시작하면서부터야 비로소 명확히 드러나게 된 것이다. 게다가 1971년 이래 그는 들

20   "Généalogie du capital, I. Les équipements du pouvoir," *Recherches*, n. 13, décembre 1973. 헤테로토피아 개념을 되받은 유일한 사례는 H. Lefebvre, *La pensée marxiste de la ville*, Paris, Casterman, 1972.

뢰즈와 함께 극좌파 성향의 투쟁 운동인 감옥정보그룹Groupe d'information sur les prisons, GIP을 주도했다.

푸코는 도시 연구에 매진하고 있던 CERFI와 더불어 집합시설에 대한 '계보학적' 접근에 관해 토론했다.[21] 토론은 특히 콜레주드프랑스의 세미나 형식 안에서 이루어졌다. 세미나의 주제는 19세기에 의사가 한편으로는 법의학 안에서 정신의학적 전문성을 통해 전문가로 부상하고, 다른 한편으로는 병원 건축의 형태와 규범 설정에 이바지하는 기술자로 등장하는 현상에 관련된 것이었다. 이후로 건축연구센터Centre d'études et recherches en architecture, CERA의 책임자인 건축가 브뤼노 포르티에Bruno Fortier가 이 세미나의 연구 작업에 참여했다.

18세기의 텍스트들에서 '집합시설'이라는 표현은 나오지 않는 반면, 의사인 트농Jacques-René Tenon이 근대 병원의 이상으로 규정한 "치료 기계machine à guérir"라는 표현은 나타난다. 트농은 이렇게 썼다.[22] "병원 건축"은 "관행과 시행착오에 의존할" 수 없다. 그것은 다차원의 걱정거리들에 부응해야 한다. 병실과 침상의 분배에 의한 감염 방지, 환기, 병자와 병의 원활한 분리, 병자와 직원 들의 감시, 의학적 시선의 위계 표출, 인구의 필요에 대한 고려. "치료에 기여하는 것은 도

---

21   *Recherches*, n. 13, pp. 27~31 (*Dits et écrits*, n. 29 & n. 130).

22   J.-R. Tenon, *Mémoires sur les hôpitaux de Paris*, Paris, 1788.

면의 정확성이 아니라 건축의 적절성이다." 모델은 완벽해야
—더 이상 아무것도 바꿀 수 없도록— 했고, 완결적이어야
했으며, 반복 가능해야 했다. 브뤼노 포르티에는 이렇게 쓴
다. "1788년에 처음으로 모방이 건축가들에게 의무인 것처럼
제시되었다."[23] 규범적 유형론들이 역사적 사례들을 이어받
았다. 적절한 건축은 서로 별개인 질문들—기후론적, 인구학
적, 통계학적, 위생학적, 의학적, 훈육적—의 그물망을 처리
하는 과정에서 태어난다. 이 질문들은 제각기 나름의 출현 지
점, 합리성, 주창자를 가지고 있었으며, 다양한 전술—감시
기술, 지식생산기술, 권력실행기술, 의료화와 공공보건 기술
—에 대응했다. 그것들은 단 하나의 텍스트이자 유일하고 신
화적이며 통일적인 집필자인 자본의, 유사하거나 무한정 반
복되는 단편들로 기술될 수는 없다.

　　물론 이 새로운 건물들은 다른 곳, 다른 건축 형식—학
교, 병영—아래서 고안된 감시전술들을 통합한다. 이 전술
과 형식 들은 자본주의적 노동 조직의 출현에 앞서 그것을 뒷
받침했을지도 모르며, 그것을 넘어 증식할 수도 있을 것이
다. 예컨대, 시베리아에 있는 사회주의의 광범한 수용소 군
도에 말이다. 왜냐하면 우리는 근본적으로 건축 형식이나 생

<hr />

23　　M. Foucault, B. Barret-Kriegel, A. Thalamy, F. Béguin, B. Fortier, *Les
machines à guérir* (*aux origines de l'hôpital moderne*), Paris, Institut
de l'environnement, 1976; rééd. Bruxelles, Pierre Mardaga, 1979.

산양식이 아니라 권력의 테크놀로지를 상대하고 있기 때문이다. 자체적인 목표에 너무나도 잘 맞춰진 이 '건축 기계들 architectures machines'을 탐구해가면서, 푸코는 오래지 않아 자기 저작의 패러다임이 될 것을 재발견하기에 이른다. 벤담 Jeremy Bentham의 판옵티콘이 그것인데,[24] 푸아예Bernard Poyet 는 오텔디외 병원의 재건축을 위해 그것을 해석한 도면을 그린 바 있다.[25] 18세기 말 병원 건축에 관한 콜레주드프랑스의 세미나 작업은 『치료 기계』라는 저작으로 결실을 맺게 된다. 이 책은 1976년 파리에서 나온 것과 1979년 브뤼셀에서 나온, 두 가지 판본이 있다.[26]

　　푸코가 주도한 두번째 공동 연구의 대상은 1800년에서 1850년 사이의 주거 양식이었다.[27] 이 연구는 오늘날 식민지 건축과 경관에 대한 역사가로 잘 알려져 있는 프랑수아 베갱

24　　J. Bentham, *Le panoptique, précédé de l'œil du pouvoir*, entretien avec Michel Foucault, Paris, Belfond, 1977 (fac-similé de l'édition française de 1791). 〔제러미 벤담, 『파놉티콘』, 신건수 옮김, 책세상, 2007.〕

25　　B. Poyet, *Mémoire sur la nécessité de transférer et reconstruire l'Hôtel-Dieu suivi d'un projet de translation de cet hôpital*, Paris, 1785.

26　　M. Foucault, B. Barret-Kriegel, A. Thalamy, F. Béguin, B. Fortier, *Les Machines à guérir*.

27　　J.-M. Alliaume, B. Barret-Kriegel, F. Béguin, D. Rancière, A. Thalamy, *Politiques de l'habitat 1800-1850*, Paris, Corda, 1977 (étude réalisée sous la direction de M. Foucault).

François Béguin이 방향을 잡았다.[28] 방법론은 이전 연구와 마찬가지였다. 도시나 주거 형태의 역사로부터 출발하는 대신, 연구자들은 1800년부터 1850년 사이에 주거를 행정적이고 정치적인 개입의 대상으로 규정하고 성문화했던 담론적 실천의 목록을 작성했다—즉 질병, 일자리라든지 상수도, 전기, 통풍 시설 등의 가정화, 그리고 공공장소와 관련된 법제화의 발전. 주거 양식은 그 교차점에서 구축되었던 것이다. "우선 주택의 중심성을 분해하고 탈피하고 해체해야 한다"고 베갱은 썼다.

권력, 지식, 공간

『감시와 처벌』(1975)이 출간되고 국제적으로 급속히 유통되면서—이 책은 빠른 속도로 이십여 개 언어로 번역되었다—공간에 대한 푸코의 분석은 개인의 신체에 대한 권력과 권력/지식이 이중적으로 접합되는 장소로서 새롭게 부각되기에 이른다. 그 뒤를 이어 감시건축에 관한 연구들이 주로 이

---

28   베갱의 저작으로는 특히 다음의 것들을 인용할 수 있다.
     Arabisances, décor architectural, tracé urbain en Afrique du Nord
     1830-1850, Paris, Dunod, 1983과 *Paysages*, Paris, Flammarion,
     1996.

탈리아와 영국에서 나왔다.[29] 전반적으로 도시사회학자나 영
토 개발에 관련된 사회학자들이 푸코를 참조하기 시작했다.
리먼Adrian Leaman은 『환경과 계획』에서 푸코의 저작이 제도
와 구조의 규범적 성격을 분석함으로써 이제 도시개발계획
공학자들과 건축가들에게도 중요해졌다고 썼다.[30] 샤론 주킨
Sharon Zukin은 『감시와 처벌』이 개척한 방법을 따라, 권력의
경제에 대한 분석에 도시가 포함되었다고 평가했다.[31]

헤테로토피아가 다시 등장한 것은 그러한 맥락에서였
다. 그 개념이 공간의 역사 속에서 어떻게 활용될 수 있는지
보여주는 첫번째 연구가 1977년 12월 베니스 건축학교에서
이루어졌다. 카치아리Massimo Cacciari, 렐라Franco Rella, 타푸
리Manfredo Tafuri, 테이소Georges Teyssot의 글들을 모은 『푸코
장치』가 그것이었다.[32] 그 책의 표지는, 『치료 기계』의 표지처
럼, 영국 병원을 위한 판옵티콘 건축 도면을 전재했다. 저자
들은 주로 『감시와 처벌』을 참조했으며, 테이소의 경우를 제
외하면 에이나우디 출판사에서 같은 해 나온, 권력에 관한 푸

29 특히 감시건축을 주제로 한 다음의 잡지를 보라. *Hinterland*,
  première année, n. 3, mai-juin 1978, no. trilingue intitulé
  Segregazione e corpo sociale.

30 A. Leaman, in *Environment and Planning*, n. 11, 1979, pp. 1079~82.

31 Sh. Zukin, "A decade of the new urban sociology," *Theory and*
  Society, 9, 1980, pp. 575~601.

32 M. Cacciari, F. Rella, M. Tafuri, G. Teyssot, *Il dispositivo Foucault*,
  Venise, Cluva, 1977.

코 텍스트 편집본인 『권력의 미시물리학』도 참조했다.[33] 이 논문집의 정치적 파급력은 즉각적이었으며, 곧 들뢰즈와 가타리의 공저작 『리좀』이 번역되어 나오며 그것을 뒷받침했다.[34] 이 책들은 이른바 '아우토노미아Autonomie' 운동의 정치적-이론적 준거가 되었다. 이는 역사적 타협 전략에 연루되어 있던 이탈리아 공산당PCI을 극좌편에서 불편하게 만들었다. 이탈리아인들이 "푸코 효과l'effetto Foucault"라고 불렀던 것, 그리고 『푸코 장치』가 겨냥했던 것은 바로 이러한 정치적 영향이었다.

렐라가 논문 편집본에 붙인 서문은 아주 명료하다. 그것은 우선 권력 관계들의 다원성에 대한 푸코의 분석을 추상적이고 비물질적이며 어디에나 있기에 정치적으로 아무 데도 없는 양 가정되는 하나의 권력, 즉 '정관사 권력du pouvoir'의 형이상학으로 변신시킨다. "권력들의 독특한 역사는 정관사 권력이 스스로를 드러내는 공간들의 역사이다." 렐라는 헤테로토피아에 대한 지식의 유일한 정보원으로 테이소의 논문에 의지하면서 다음과 같이 계속한다. "권력의 비-장소non-

---

33   M. Foucault, *Microfisica del potere: interventi politici*, édité par
      Fontana et Pasquino, Turin, Einaudi, 1977. 독일의 대안 운동권에서
      이 편집본을 보완, 출판한 다음의 책도 참조하라. *Dispositive der
      Macht*, Berlin, Merve, 1978.

34   G. Deleuze, F. Guattari, *Rhizome*, Paris, Minuit, 1976; *Rizoma*,
      Parme/Lucques, Pratiche, 1977.

lieu는 무한한 헤테로토피아적 지대들의 중심에 놓여 있다.”

이렇게 해서 헤테로토피아는 푸코에게 '중심적인 것'이 되고, 헤테로토폴로지는 무정부주의적으로 분산된 권력의 현상학이 된다. 이러한 해석의 결론은 예기된 대로이다. “이제 우리는 더 이상 무수한 국지화(혹은 장치)들 속에 투여되는 권력에 맞서 싸우는 것이 아니라, 총체화하는globalisant 이론들의 폭정에 맞서 싸운다.” 렐라가 각주에 구체적으로 명시하는 그 이론들은 바로 “마르크스 효과l'effeto Marx”이다.

사실 테이소는 〔헤테로토피아 개념과 관련해〕 1967년 강연이 아닌, 『말과 사물』서문의 분류학적 용법에 주석을 달면서[35] 그것을 역사가 페로Jean-Claude Perrot가 기술한 18세기 병원 건립안에 적용시킨 바 있다.[36] 그 건립안은 일종의 격자처럼, 보르헤스 백과사전의 동물 분류 범주만큼이나 이질적인 여덟 등급의 수감자들을 여덟 개의 제각기 다른 건물에 분산 수용하는 것이었다. 각 등급은 a) 가족의 요구에 따른 수감자 b) 미치광이와 국왕의 칙령에 따른 수인 c) 2세에서 9세까지의 적출인 빈민 아이, 노인, 거지, 성병에 걸린 매춘부 d) 9세 이상의 서출인 아이 등등의 방식으로 나누어졌다. 테이

35   G. Teyssot, "Eterotopia e storia degli spazi," *Il dispositivo Foucault*, pp. 83~86과 "Heterotopies and the history of spaces," *Architecture and urbanism*, 121, 1980, pp. 79~100.

36   J.-C. Perrot, *Genèse d'une ville moderne, Caen au XVIIIe siècle*, Paris, Mouton, 1975.

소가 이 건축을 헤테로토피아로 이름 붙였다면, 그것은 그 내용이 우리 상식에 어긋나 있기 때문이었지 그 공간이 기능이나 형식, 단절을 통해 다른 공간들에 맞서는 질적, 상징적 대립 혹은 이의제기의 게임을 정초하기 때문은 아니었다.

테이소가 헤테로토피아 개념을 활용하는 방식은 〔푸코가 1966년 강연에서 제안한〕체험된 시간의 이질성과 불연속성, 삶의 분기점들, 생물학적 과도기(성인으로의 입문, 사춘기, 처녀성 상실), 에로스와 타나토스와 같은, 인간 존재의 총체성 속에 깊게 새겨져 있는 공간성이라는 차원을 조금도 옮겨놓지 않는다. 주체성의 공간화spatialisation de la subjectivité는 단지 아테네 헌장의 거창한 기능들을 통해서만이 아니라, 사창가에서 사우나에 이르는 온갖 형식 아래 이루어진다. 그것은 모든 문화의 공간(들)에서 특수한 방식으로 기입된다. 이 공간들은 서로 간에 내부/외부, 주변/중심, 공/사와 같은 분할 관계만 맺는 것이 아니라, 분화와 반향의 형식을 띠는 게임 속에, 다시 말해 커뮤니케이션의 층위에 있게 된다. 렐라는 푸코의 공간을 권력의 헤테로토피아들의 중립적이고 지속적인 저장고—총체적인 개념화—로 보았고, 테이소는 헤테로토피아를 상식에서 벗어난 세계의 건축적인 표출—국지적인 개념화—로 보았다. 이 둘은 모두 세번째 차원을 결여하고 있다. 달리 말해, 공간이 분절segmentation 아닌 파편화fragmentation 속에서, 이의제기와 반향의 밀도 높은 상징적·

형식적 게임 속에서 스스로 되물리는 속성을 빼먹은 것이다. UCLA 로스앤젤레스 도시공학 연구소Institut de l'urbanisme de Los Angeles의 에드워드 소자는 이 '제3자화Thirding'를 "타자화 othering로서 제3자화"로 이론화한다.[37]

『푸코 장치』로 대표되는, 베니스 건축학파에 의한 "헤테로토피아"의 초기 수용은 수용 개념 자체의 모호성을 보여준다. 그것은 정확한 이해의 문제도 현실적인 도구화의 문제도 아닌, 다의적이며 논쟁적인 재이식réimplantation의 문제였다. 그러한 재이식은 한편으로는 정치적 논전, 다른 한편으로는 인식론적 질문의 네트워크 안에서 이루어졌다.

1976년 7월 푸코는 벤담의 판옵티콘에 관한 인터뷰에서 1967년의 강연을 처음으로 환기시켰다. 1977년 출판된 이 인터뷰는 테이소가 다른 곳에서 언급한 바 있다. "거대한 지정학적 전략들에서 정치경제학적 식민지 이주를 거쳐 주거지, 제도적 건축, 교실 혹은 병원 조직에 이르는 작은 전술들까지, 우리는 공간들의 전체 역사를 다시 써야 할 것입니다— 그것은 동시에 권력들의 역사이기도 합니다. 공간의 문제가 역사적·정치적 문제로 등장하기까지 얼마나 오랜 시간이 걸렸는지 보면 그저 놀라울 뿐입니다. 〔…〕 십여 년 전 제가 공간의 정치학에 관해 논했을 때, 다음과 같은 응대를 받았던

---

37   Ed. Soja, *Thirdspace, journeys to Los Angeles and other real and imagined places*, Cambridge(Mass.), Blackwell, 1996.

기억이 납니다. 공간을 그렇게 강조하는 것은 반동적이라고요. 시간, 기투project[38]야말로 생명이고 진보라고요."[39]

푸코 식의 공간들의 역사, 정확히는 권력의 공간화의 역사, 더 정확하게는 푸코가 생명권력biopouvoir으로 지칭한,[40] 18세기부터 발전한 특수한 권력 체제가 식민 공간—헤테로토피아적인—안에 새겨진 역사, 이로부터 공간은 정치적으로 다른 문제가 되는데, 이는 1980년대 초 인류학자 폴 래비나우[41]와 미국 주거사가 그웬돌린 라이트Gwendolyn Wright[42]가 계획했던 것이었다. 그들도 프랑수아 베갱도 1967년의 강연을 알지 못했다.[43]

1982년 래비나우와 라이트가 진행한 푸코 인터뷰가 미

---

38   〔옮긴이〕 현재 너머 미래를 향해 스스로를 '던짐'으로써 항상 자신을 창조하면서 그 가능성을 전개해나가는 인간 실존의 존재 방식을 뜻한다. 하이데거와 사르트르 철학의 중심 개념 가운데 하나이다.

39   M. Foucault, J. Bentham, *L'œil du pouvoir*, in *Le panoptique*. 〔미셸 푸코, 「권력의 눈」, 『권력과 공간』, pp. 146~48 참조.〕

40   M. Foucault, *La volonté de savoir*, Paris, Gallimard, 1976. 〔미셸 푸코, 『성의 역사 1—지식의 의지』, 이규현 옮김, 나남, 2004.〕

41   P. Rabinow, "Biopower in the French colonies," conférence inter-disciplinaire sur Foucault : *Knowledge, power, history*, Los Angeles, 29~31 octobre 1981 ; *French modern: Norms and forms of the social environment*, Cambridge (Mass.), MIT Press, 1989.

42   G. Wright, *The politics of designs in the French colonial urbanism*, Chicago, University of Chicago Press, 1991.

43   F. Béguin, *Arabisances*.

국의 건축학 저널인 『스카이라인』에 실렸는데,[44] 거기서 푸
코는 자신의 공간 강박증을 상기시키며 이렇게 말한다. "저
는 그것을 통해서 제가 마음속으로부터 찾고 있던 것을 발견
했다고 생각합니다. 권력과 지식 간의 관계가 바로 그것입니
다…" 그는 건축학과 도시공학은 동떨어진 영역이 아니라고
말한다. "그것들은 다원적인 실천과 담론 속에서 뒤섞입니다.
공간은 권력이 어떻게 작동하는지를 이해하는 데 특권적인
장소죠."[45]

역으로 그는 건축가의 실천에서 모든 유토피아적 희망
을 내쫓는다. "사람들은 해방 기계를 꿈꿔왔습니다. 그런데

44   M. Foucault, "Space, knowledge, power. Entretien avec Paul
      Rabinow," *Skyline*, mars 1982, pp. 16~20; repris in *Dits et
      écrits*, IV, n. 340, pp. 270~85. 〔옮긴이〕 사실 이 인터뷰의
      진행자는 래비나우였으며, 라이트는 참여하지 않았다. 참고로,
      『스카이라인』의 푸코 인터뷰 앞에는 푸코의 권력 분석에서 공간이
      차지하는 위상에 관해 라이트와 래비나우가 함께 쓴 논문이 실려
      있다. 아마도 드페르의 혼동은 이에 기인한 것으로 보인다. G.
      Wright, P. Rabinow, "Spatialization of power—A discussion of the
      work of Michel Foucault," *Skyline*, mars 1982, pp. 14~16 참조.
45   〔옮긴이〕 여기에서 드페르가 푸코의 『스카이라인』 인터뷰에서
      인용했다고 말한 것은 착오이다. 첫번째 부분의 출전은 푸코의
      1976년 인터뷰 「지리학에 관해 푸코에게 보내는 질문」이며,
      두번째 부분의 출전은 래비나우와 라이트의 글 「권력의
      공간화」이다. "Questions à Michel Foucault sur la géographie," in
      Dits et écrits, III, n. 169, p. 33. 〔미셸 푸코, 「지리학에 관해 푸코에게
      보내는 질문」, p. 123.〕; G. Wright, P. Rabinow, "Spatialization of
      power—A discussion of the work of Michel Foucault," p. 14.

정의상 자유의 기계 같은 것은 존재하지 않습니다. 자유를 보장하는 것은 결코 사물의 구조적 속성이 아닙니다. 자유는 실천입니다. 어떤 것도 기능상 해방적이지는 않습니다. 자유는 행사되어야 하는 것입니다. 자유의 보장책은 자유입니다."[46]

이제 공간에 대한 정치적, 인식론적 담론의 거장이 된 푸코는 자연스럽게 자신의 오래전 개념인 헤테로토피아로 거슬러 올라간다. "여담을 하나 하자면, 나는 1966년에 일단의 건축가들로부터 강연 요청을 받아, 공간에 대한 연구를 한 적이 있었습니다. 나는 거기서 당시 내가 '헤테로토피아'라고 부르던 것, 즉 주어진 사회 공간에서 발견되지만 다른 공간들과는 그 기능이 상이하거나 심지어 정반대인 독특한 공간들을 다루었습니다. 건축가들은 내가 발표한 내용을 두고 토론을 벌였는데 마무리 즈음 누군가—사르트르주의 심리학자—가 발언권을 얻고서는 **역사**와 **생성**은 혁명적인 반면, 공간은 반동적이며 자본주의적이라고 나를 맹렬히 공격했지요. 그 당시에는 이런 어처구니없는 담론이 전혀 이상하게 여겨지지 않았습니다. 오늘날에는 이런 말을 들으면 누구든 포복절도할 테지만, 그때는 아니었지요."

우리는 이 오랜 기억 때문에 두 번 놀랄 수밖에 없다. 푸

46   〔옮긴이〕여기에서 드페르가 인용한 푸코의 『스카이라인』 인터뷰 문단은 질문에 대한 하나의 독립된 답변이 아니라, 여러 답변에서 나온 문장들을 드페르 나름대로 조합한 것이다.

코는 1976년에는 1967년 나왔던 정치적 반대의견을, 그리고 1982년에는 헤테로토피아라는 개념 그 자체를 상기했던 것이다. 1984년 푸코는 자기 강연문을 다시 활용하려는 베를린 IBA의 시도를 우호적으로 받아들였다.

두 명의 전시회 조직자, 독일인 요하네스 가흐낭Johannes Gachnang과 이탈리아인 마르코 드 미켈리스Marco de Michelis는 1968년 『라르키테투라』에 실린 이 텍스트를 알고 있었다.[47] 그것은 흥미롭게도 IBA의 전략에 공명하는 것이었다. 그 전략이란, 두 명의 IBA 책임자 가운데 한 사람인 요제프 파울 클라이후에스Josef Paul Kleihues가 제시한 바에 따르면, 다음과 같은 것이었다.[48] "파편들로써 도시라는 아이디어를 작동시키기," 도시공학의 총체적인 계획을 먼저 내세우지 않으면서 도시 건축에 관해 말하기, 베를린의 역사적, 지형학적 다양성을 존중하기, 소구역들îlots에 의한 도시의 구성을 사유하고 여러 건축가에게 동일한 소구역 주거지들의 재구축을 의뢰하기. 그리고 언젠가 통일이 이루어지면 스탈린 식 건축물의 보존을 정당화하기.

미국에서 푸코 텍스트의 번역은 1986년에 이루어졌다.

---

47   이들에게서 이야기를 들은 프랑수아즈 졸리Françoise Joly가 내게 전해준 정보이다.

48   J. P. Kleihues, "A propos de la ville européenne," entretien avec M. Bourdeau, *AMCS*, octobre 1984, pp. 95~99.

그것은 먼저 코넬 대학교에서 발간하는 학제적 저널인『다이 아크리틱스』에 실렸고, 뒤이어 건축학 저널『로터스』에 실렸다.[49] 그 번역으로 말미암아 '다른 공간들'의 질적인 해석에 새로운 이력이 시작되었다.『성의 역사』2, 3권의 번역이 그와 동시에 이루어졌다는 점을 감안하지 않고는 이 이력을 이해할 수 없을 것이다.[50] 그 책들에서부터 푸코는 미국인들이 '정체성의 정치학'이라고 이름 붙인 것의 참조점으로 삼는 저자가 되기 때문이다. 페미니즘 운동, 동성애 운동, 소수민족 집단들은 헤테로토피아 개념이 다시금 기입되고 평가받는 새로운 그물망을 구성했다. 푸코가 개시한 주체화 양식modes de subjectivation의 역사는 도시공학자 에드워드 소자의「차이들이 만드는 공간」,[51] 페미니스트 다프네 스페인Daphne Spain의『젠더화된 공간』,[52] 코넬 웨스트Cornel West의『차이의 새로운

---

49   M. Foucault, "Of other spaces," *Diacritics*, v. 16, n. 1, 1986, pp.
        22~27과 *Lotus international*, 1986.

50   M. Foucault, *L'usage des plaisirs*, Paris, Gallimard, 1984 ; *Le
        souci de soi*, Paris, Gallimard, 1984 ; trad., *The use of pleasure*,
        Harmondsworth, Penguin, 1985 ; *The care of the self*, Harmondsworth,
        Penguin, 1986. 〔미셸 푸코,『성의 역사 2─쾌락의 활용』,
        문경자·신은영 옮김, 나남, 2018 ;『성의 역사 3─자기 배려』,
        이혜숙·이영목 옮김, 나남, 2020.〕

51   Ed. Soja, "The spaces that differences make," in M. Keith & S. Pile,
        Place and the politics of identity, New York, Routledge, 1993, pp.
        183~205.

52   D. Spain, *Gendered spaces*, Chapel Hill, University of California

문화정치학』,[53] 혹은 지리학자 데렉 그레고리Derek Gregory의 『지리학적 상상력』[54]과 같은 텍스트를 가로지른다.

헤테로토피아 개념이 떠오른 장소인 문학 분석에서 브라이언 맥헤일Brian McHale, 미셸 드 세르토Michel de Certeau가 그 개념을 다시 취했고,[55] 영화 분석에서는 줄리아나 브루노 Giuliana Bruno가 그렇게 했다.[56] 소자는 푸코가 어떠한 공간 분석에서도 피해갈 수 없는 통과 지점이 되었다고 단언한다.

조형예술에서도 마찬가지이다. 쿠바 출신 미술작가인 펠릭스 곤잘레스-토레스Felix Gonzalez-Torres의 작품들을 소개하면서, 낸시 스펙터Nancy Spector는 맨해튼에 구현된 '헤테로토피아적 환경'의 경험을 묘사한다.[57] 곤잘레스-토레스는 맨해튼의 스물네 개 노상 광고판 위에, 공개된 침대의 내밀성을 보여주는 거대한 흑백사진이 구축한 반공간을 게시했다. 순수하게 구김살이 간 침대보의 절대적인 간결함, 두 베개의 팬

Press, 1992.

53   C. West, *The new cultural politics of difference: Out there. The dilemma of the black intellectual*, Ferguson, 1994.

54   D. Gregory, *Geographical imaginations*; Ed. Soja, *Thirdspace*, Cambridge, Blackwell, 1994에서 재인용.

55   B. McHale, *Post modernist fiction*, New York, Routledge, 1988; M. de Certeau, *Heterologies: Discourse of the other*, Manchester University Press, 1986.

56   G. Bruno, "Bodily Architectures," *Assemblages*, 19 déc. 1992.

57   N. Spector, *Felix Gonzalez-Torres*, The Solomon R. Guggenheim Museum, New York, 1995.

자리에 남아 있는 두 사람 머리의 가벼운 자국. 거기에 관람자는 제각각 〔어떤 상상을〕 투사할 수 있다. 두 사람이 잠자다 방해받았다거나, 사랑을 나눈 후라거나 아니면 더 급진적으로, 예술가가 무언가 경고하고 있다고. 그러니까 동성 섹스가 범죄로 규정된 모든 주에서 검찰이 서로의 합의 아래 성관계를 맺은 성인들조차 기소할 수 있게끔 허용한 1986년의 미국 대법원 판결에 대해서 말이다. 간단히 말하면 침대라는 사적 공간의 내밀성이 공적 공간 안으로 막 들어온 셈이다. 공적인 것과 사적인 것의 이 접합은, 스펙터에 따르면, 남아 있던 이야기를 더욱 소리 없이 외칠 수도 있을 것이다. 에이즈로 죽은, 예술가의 동반자가 남긴 빈 자리.

1966년 푸코가 라디오를 통해 한 강연의 서두이자, 1967년 건축가들 앞에서 했던 강의에서는 사라져버린 대목의 멋진 직관. 거기서 철학자는 헤테로토피아의 첫번째 형상으로 부모의 침대를 꼽았다. 아이들이 기원의 몽상과 위반의 쾌락 속에서 파고들기 좋아하는 곳 말이다. 여기에서 우리는 오랫동안 일련의 다원적인 네트워크와 전략 안에 다시 편입되었던 이 텍스트와 오랫동안 일련의 변화를 겪어왔던 텍스트 저자의 사회적 형상이 양자가 거쳐온 궤적의 이 순간에 가장 완성된 형식의 수용을 발견했다고 결론지을 수 있지 않을까? 푸코는 자신이 독자들보다는 이용자들을 희망한다고 여러 번 선언하지 않았던가?

옮긴이의 말

독창적인 사유는 스스로를 들이민다.
그 역사는 그것이 용인하는 주해의 유일한 형식이며,
그 운명이야말로 그것이 감내하는 비판의 유일한 형식이다.
─미셸 푸코

"사후 출간 불가"는 푸코가 남긴 유언장의 핵심 메시지였다. 하지만 그 사실이 무색할 만큼 아직까지도 그의 신작 소식이 심심치 않게 들려온다. 이는 그의 유고와 저작권을 관리하고 있는 이들(유족 및 다니엘 드페르)의 다음과 같은 판단에서 비롯한 것으로 알려져 있다. 그러니까 푸코가 생전에 '공적으로' 말한 것과 글로 쓴 것의 경우, 출판 자체가 고인의 유지에 어긋나지 않을 뿐만 아니라, 오히려 정확하고 엄밀한 저작 전집의 구축에 필수불가결하다는 것이다. 전 세계 곳곳에 흩어져 있던 푸코의 논문, 인터뷰, 강연문, 성명서 등을 모두 취합해 연대기별로 정리한『말과 글 1954~1988 *Dits et écrits 1954-1988*』(1994)이라든지, 강의 원고와 자료, 녹취록을 편집, 재구성한 일련의 콜레주드프랑스 강의록이 그러한 취지에서 발간된 대표적인 사후 저서들이다.

하지만 그것들 말고도, 이런저런 이유로『말과 글』에 미처 수록되지 못한 논문이나 강연문, 인터뷰 등이 별개의 소책자로 출판되는 일이 가끔씩 벌어진다. 강연문『마네의 회화 *La peinture de Manet*』(2004), 로제-폴 드루아 Roger-Pol Droit 와의 인터뷰『미셸 푸코, 인터뷰 *Michel Foucault, entretiens*』

(2004), 사회학자 레몽 아롱Raymond Aron과의 방송대담 『대화Dialogue』(2007), 칸트의 『실용적 관점에서 본 인간학Anthropologie du point de vue pragmatique』(2008) 번역과 해제, 클로드 본푸아Claude Bonnefoy와의 인터뷰 『멋진 위험Le beau danger』(2011), 강의록 『잘못을 범하기, 진실을 말하기—사법에서 고백의 기능Mal faire, dire vrai—Fonction de l'aveu en justice』(2012), 강연집 『거대한 낯섦—문학에 대하여La grande étrangère—À propos de littérature』(2013)와 『자기 해석학의 기원L'origine de l'herméneutique de soi』(2013) 등이 그러한 범주에 속한다. 여기 내놓는 『헤테로토피아』 역시 같은 맥락에서 나온 푸코의 사후 신간 가운데 한 권을 재편집한 것이다.[1]

이 번역의 원래 대본은 『유토피아적인 몸/헤테로토피

1   이 신간들은 강연, 강의, 세미나, 토론, 대담, 인터뷰 등 주로 푸코가 '말한 것들'에 속한다는 특징을 지닌다. 『헤테로토피아』 또한 예외가 아니다. 이 대목에서 우리는 필리프 아르티에르Philippe Artières가 푸코의 "오디오그라피audiographie," 혹은 "목소리의 지형학"이라고 이름 붙인 것에 주목할 필요가 있다. 아르티에르에 따르면, 푸코는 말하기를 윤리적 추구 대상으로 여겼으며, 자신만의 말하기 전략을 갖고 있었다. 그는 발화(자)의 권력을 예민하게 성찰하면서, 새로운 공적 발화 양식의 실험을 통해 그 권력을 전복하고 대안적인 유형의 담론을 생산하고자 했다는 것이다. 이와 같은 관점에서 보자면, 푸코 철학의 마지막 주제가 '용기 있게 진실을 말하기parrhèsia'였다는 것도 결코 우연이 아니다. Ph. Artières, "Faire l'expérience de la parole," in M. Foucault, Le beau danger, Paris, Éditions de L'EHESS, 2011, pp. 7~22.

아*Le corps utopique / Les hétérotopies*』(Nouvelles éditions lignes, 2009)로, 푸코가 1966년 12월에 '유토피아와 문학'을 주제로 한 '프랑스-퀼튀르France-Culture' 채널의 특강 시리즈에서 방송했던 두 편의 라디오 강연 원고이다. 푸코는 이 가운데 「헤테로토피아」만을, 그것도 내용을 상당히 손질한 판본을 1967년 3월 건축가들의 모임에 초청을 받아 「다른 공간들Des espaces autres」이라는 제목으로 발표한 바 있다. 그는 이 원고의 공개 출간을 1984년 타계하기 얼마 전에야 비로소 허락한다. 원서는 두 라디오 강연문과 다니엘 드페르의 「헤테로토피아」 해제만을 담고 있으나, 번역본에서는 「다른 공간들」이 일종의 공식 최종본이라는 점을 고려해 함께 포함시켰다. 이 결정에는 「헤테로토피아」와 「다른 공간들」 사이에 상당한 내용 차이가 있으며, 그러한 차이에 읽는 이들이 흥미롭게 곱씹어 볼 만한 대목이 적지 않다는 판단이 작용했다. 또한 일종의 부록으로 푸코가 인류학자 폴 래비나우와 1982년에 가진 인터뷰 「공간, 지식, 권력Space, knowledge and power」을 실었다. 공간과 건축에 대한 푸코의 전반적인 시각을 특히 통치성과 자유라는 문제와의 관련 속에서 잘 드러내고 있는 이 대담은 강연문들의 깊이 있는 이해에도 나름대로 유용할 것으로 보인다.

강연들 즈음 푸코는 어디에서 무엇을 하고 있었던가? 디디에 에리봉Didier Eribon의 전기에 따르면, 1966년 4월 『말과 사물*Les mots et les choses*』을 출간하고 "우리 시대의 칸트"라는 상찬까지 들을 만큼 큰 성공을 거둔 푸코는 같은 해 9월 말 홀연히 튀니지로 떠난다. 자신의 책이 가져다준 영광, 그리고 그 못지않게 격렬했던 논란으로부터 멀리 떨어져 또 다른 책을 쓸 시간을 갖기 위해서였다. 그는 지중해가 내려다보이는 언덕 위의 작은 마을 시디부사이드에 정착한 뒤 튀니스 문과대학에서 철학을 가르치는 한편, 집필 활동에 몰두한다. 약 이 년에 걸친 이 기간 동안 푸코가 영미권의 언어철학과 분석철학을 공부하면서 자신의 고유한 방법론을 정리한 결과물이 바로『지식의 고고학 *L'archéologie du savoir*』이었다.

　　자신의 모든 저서를 통틀어 가장 개념적이고 이론적인 책을 쓰고 있었던 푸코는, 그러나 이 지적인 정련과 자기절제의 저술 작업 와중에도 예술을 통한 정신적 일탈의 은밀한 기쁨을 놓지 않았던 것으로 여겨진다. 당시의 그는 "철학으로부터 도피해 문학에서 망명지를 구했다"는 한 친구의 증언이 있을 만큼 몇몇 작가에 심취하기도 했고, '검정과 색채 *Le noir et la couleur*'라는 제목으로 구상 중이었던 마네론을 튀니지 학생들에게 강의하기도 했다. 사실 1960년대는 푸코가 문학과 예술에 대한 자신의 열렬한 관심을 여러 글을 통해 분명히, 그리고 직접적으로 드러냈던 시기이다. 이 기간 동안 그는 전체 경력을 놓고 볼 때 이례적인 양의 문학예술 비평을 발표했다.『임상의학의 탄생 *Naissance de la clinique*』과 같은 해에 나온 저작『레몽 루셀 *Raymond Roussel*』(1963)을 위시해,『텔켈 *Tel*

Quel』『크리티크*Critique*』 등의 문예지에 실린 바타유, 블랑쇼, 클로소프스키Pierre Klossowski, 로브그리예Alain Robbe-Grillet 관련 평문들, 그리고 르네 마그리트René Magritte에 관한 소책자 『이것은 파이프가 아니다*Ceci n'est pas une pipe*』(1973) 같은 작품이 그것이다.

　「헤테로토피아」와 「유토피아적인 몸」에 관한 강연들 역시 이와 같은 맥락에서 이루어졌다. 그러니 그 원고들이 (푸코 저작 전체에서) "부차적인 문헌"이자 (푸코가 즐겨마지 않았던) "문학적인 게임"에 속한다는 드페르의 평가는 냉정하지만 적절하게 그 위상을 짚어주고 있는 셈이다. 확실히 그 것들은 푸코의 주저가 보여주는 꼼꼼한 사료 분석이라든지 세심하면서도 엄격한 글쓰기를 결여하고 있다. 완성된 연구라기보다는, 사유의 시도essai 속에서 태어난, 말의 충실한 의미에서의 에세이essai. 거기서 군데군데 엿보이는 수사학적인 과장, 논리의 비약과 결함, 피상적인 사례 인용 등은 텍스트 생산의 맥락이나 형식과도 무관하지 않을 터이다.

　하지만 그렇다고 해서 이 글들을 별 중요성 없는 것으로 치부해버릴 수 있을까? 드페르의 해제가 뒤쫓고 있는, 그것들의 수용의 역사, "다의적이고 논쟁적인 재이식"의 궤적은 우리의 섣부른 판단을 경계하게 만든다. 이 강연 원고들에 담긴 개념과 아이디어는, 그 모호하고 허술한 성격에도 불구하고, 아니 어쩌면 바로 그 덕분에 수많은 새로운 사유와 해석과 연구를 자극했기 때문이다. 그것들이 오랫동안 철학만이 아닌 문학, 예술, 도시공학, 지리학, 건축학, 문화연구 등 다양한 분야에 저자 자신도 미처 예상하지 못했을 꼬리 긴 영향력을 행사해왔다는 사실은 어떤 텍스트가 지니는 가치를 단순히 내적인 '엄밀성'이나 '과학성'의 척도만으로 재기 어렵다는 점을 새삼 일깨워준다. 이 미완의 원고들에는 무엇보다도 새로운 시선, 사유 혹은 상상의 지평을 열어젖히는 힘이 있었던 것이다. 그 힘이야말로, 다른 연구자들로 하여금 그 글들의 공백을 메우고 논리적 단절을 이어가며, 때로는 원저자의 의도를 넘어서까지, 그 의미와 적용의 전선을 확장하도록 이끈 동력이기도 할 것이다.

좀더 나아가, 우리는 이렇게 말할 수도 있지 않을까? 헤테로토피아는, 의식적이든 무의식적이든, 푸코의 근본적인 준거점이었다고. 푸코에게 역사가 '지금'의 시간적 타자였다면, 헤테로토피아는 '여기'의 공간적 타자였다고. 혹은 역사가 '우리의 현재'에 내재한 정상성을 비추는 거울이었다면, 헤테로토피아는 '우리의 이곳'에서 작동하는 배치의 규범 바깥으로 나 있는 미로였다고. 실상 푸코가 자기 철학의 전략적 거점으로 선택했던 역사는 담론의 역사, 권력/지식의 역사, 합리성의 역사, 주체화의 역사였던 만큼이나 이런저런 헤테로토피아의 역사이기도 했다. 감호소, 정신병원, 진료소, 학교, 공장, 군대, 감옥 등, 저 멀리 "으르렁거리면서 싸우는 소리," 전투의 기이한 굉음이 울려 퍼지는 이 '다른 공간들'의 굴곡진 역사.

그러고 보면 『헤테로토피아』에 실린 강연문들은 푸코의 저작 전체와 신기하리만치 여러 갈래의 연결점을 품고 있다. 칸트, 바슐라르, 메를로-퐁티, 벤야민, 쿠아레, 아리에스, 라캉, 루셀, 블랑쇼와 같은 저자들의 흔적이 그러하고, 시선, 몸, 공간, 권력, 성, 죽음, 위반, '바깥'과 같은 주제들에 대한 강박이 그러하다. 더욱이 '헤테로토피아'가 『말과 사물』 서두에서 텍스트 공간을 가리키는 용어로 처음 나온 사실을 기억할 만큼 푸코의 저작에 친숙한 독자라면, 그가 사회 공간으로서 헤테로토피아의 마지막 예로 배를 이야기할 때 『광기의 역사Histoire de la folie à l'âge classique』 서두에 등장하는 '바보들의 배'를 떠올리지 않을 도리가 없을 것이다. 또한 『성의 역사 Histoire de la sexualité』 연작을 이미 읽은 독자라면, 푸코가 「다른 공간들」에서 간단히 언급하고 넘어가는 사랑이나 인구학의 문제를, 그저 한두 문단이라 해서 무심히 지나쳐버리기는 어려울 것이다. 『헤테로토피아』에 실린 텍스트들은 무엇보다도 『성의 역사』 2, 3권을 관통하는 '자기의 테크놀로지'와 '자유의 실천'에 대한 푸코의 논의가 그저 말년에 느닷없이 불거진 새로운 관심사가 아니라, '권력의 테크놀로지'와 '지배의 전략'에 늘 대구를 이루고 있었던, 사유의 오랜 정박지였다는 점을 시사한다.

몸과 공간, 없는 곳과 다른 곳, 이상향理想鄕과 이상향異常
鄕에 관한 이 소품집은 어떤 면에서 푸코의 사유 세계를 응축
시킨 정원, 아니 차라리, 그 정원을 다시 축소해놓은 양탄자
와도 같다. 이 양탄자는 읽는 이의 상상력을 어디로든 원하
는 곳으로 날아갈 수 있게 만드는 마법의 힘을 가졌다. 그 아
래로 현실 공간에 대한 이의제기이자 또 다른 새로운 상상의
원천인 반反공간들이 솟아나고 자리 잡고 뒤틀리거나 사라져
가는 풍경이 펼쳐진다. 그리하여 그동안 세계 곳곳의 연구자
들이 호텔, '안전공원,' 공장, 여자대학, 대형 위락단지와 놀이
공원, 대안극장 혹은 사이버공간에 대해 그렇게 했듯이, 우리
역시 이질적인 '-방'과 '-관' 들이 수없이 명멸하는 한국의 도
시 정경, '청계천'과 '4대강'이 상징하는 콘크리트 자연 공간
의 낯선 파노라마를 헤테로토피아의 관점에서 응시해볼 수
도 있을 것이다. '점거하라'의 구호가 울려 퍼지는 광장, '두리
반'이나 '희망버스,' 아니면 일상적인 수다와 격렬한 정치토론
과 생뚱맞은 욕설이 뒤섞이는 SNS 공간은 또 어떠한가?

　드페르는 푸코의 텍스트에 대한 해제를 펠릭스 곤잘레
스-토레스의 1991년 작품 〈무제Untitled〉에 관한 설명으로
끝맺고 있다. 그것은 작가가 에이즈로 먼저 세상을 떠난 동
성 연인 로스와 함께 했던 침대 사진을 맨해튼 일대의 옥외
광고판에 전시한 작품이다. 〈무제〉의 그 이미지는 다시, 동
성 연인 짐을 잃고 상실감에 빠져 있는 영문학 교수 조지가

어느 아침 침대에서 깨어나는 장면으로 시작하는 이셔우드 Christopher Isherwood의 소설 『싱글맨*A Single Man*』과 겹쳐진다 (사실 「유토피아적인 몸」의 도입부는 『싱글맨』의 앞부분과 놀라우리만치 그 분위기가 흡사하다. 1964년 초판이 나온 이 소설을 푸코가 이미 읽었던 것이 아닐까 하는 의심이 들 만큼. 아니, 어쩌면 그것은 단순한 우연의 일치일 따름일까? 자신의 존재 그 자체를 치유 불가능한 상처로 안고 사는 소수자들이, 자기 몸과 사회적 정체성에 대해 가지게 되는 특이한 거리감 때문에 생겨난?).

조지의 머릿속 독백. "그런데 조지는 그를 그렇게나 충실히 기억한다—조지는 스스로 기억을 일깨운다. 그는 잊는 것이 두렵다. 짐은 내 삶이야, 라고 그는 말한다. 하지만 그가 계속해서 살아가길 원한다면, 그는 잊어야만 할 것이다. 짐은 죽음이다." 드페르가 헤테로토피아의 탁월한 예술적 구현물로서 〈무제〉를 이야기할 때, 우리는 그가 결코 드러내 말하지 않은 '애도의 글쓰기'에 동참하는 느낌을 받지 않을 수 없다. 에이즈로 갑작스런 죽음을 맞은, 위대한 철학자이기 이전에 무엇보다 한 사람의 오랜 연인이었던 푸코를 위한. 잊어야만 할 것이나, 우리는 그를 이렇게도 충실히 기억한다.

2014년 5월
이상길

2014년 우리말 번역본 초판이 나온『헤테로토피아』는 최근까지 중쇄를 거듭하며 독자들의 꾸준한 관심을 받아왔다. 한층 고무적인 것은 헤테로토피아 개념을 활용한 여러 연구와 비평 역시 계속 증가해왔다는 점이다. 애당초 푸코의 이 완결되지 않은 사유의 파편들이 수많은 독자에게 생산적인 자극을 줄 수 있기를 바라는 마음으로 번역에 임했기에, 역자로서는 큰 보람이자 기쁨이 아닐 수 없다. 이번에『헤테로토피아』와 일종의 짝을 이루는『권력과 공간』을 출간하면서 기존의 번역본을 다시 검토하고 몇몇 용어와 오탈자를 바로잡았다. 새로 단장한 번역본이 앞으로도 오랫동안 공간을 바라보는 창조적 시야를 열어주는 대안적 지식의 연장통 구실을 해나갈 수 있길 기대한다.

2023년 11월
이상길